14-12-04

22

D0964960

EDAF

MADRID - MÉXICO - BUENOS AIRES - SAN JUAN - SANTIAGO

ANTONIO MACHADO

ANTOLOGÍA POÉTICA

Prólogo y notas de
JOAQUÍN BENITO DE LUCAS

BIBLIOTECA EDAF
152

Director de la colección:
MELQUÍADES PRIETO

Diseño de cubierta: GERARDO DOMÍNGUEZ

Editorial EDAF, S. A.
Jorge Juan, 30. 28001 Madrid
http://www.edaf.net
edaf@edaf.net

Edaf y Morales, S. A.
Oriente, 180, nº 279. Colonia Moctezuma, 2da. Sec.
C. P. 15530. México, D. F.
http://www.edaf-y-morales.com.mx
edaf@edaf-y-morales.com.mx

Edaf del Plata, S. A.
Chile, 2222
1227 - Buenos Aires, Argentina
edaf1@speedy.com.ar

Edaf Antillas, Inc
Av. J. T. Piñero, 1594 - Caparra Terrace (00921-1413)
San Juan, Puerto Rico
antillas@edaf.net

Edaf Chile, S.A.
Huérfanos, 1178 - Of. 501
Santiago Chile -Centro- Chile
Tel./Fax (562) 673 52 11
edafchile1@terra.cl

10.ª edición, octubre 2003

Depósito legal: M. 40.711-2003
ISBN: 84-7166-979-X

PRINTED IN SPAIN   IMPRESO EN ESPAÑA
Closas-Orcoyen, S.L. Pol. Ind. Igarsa - Paracuellos de Jarama (Madrid)

*Para Marisa y Carlos Sahagún,
que guardan en Segovia
el recuerdo permanente
de Antonio Machado.*

Índice

Págs.

Prólogo y notas, por Joaquín Benito de Lucas   11
Cronología..   35
Bibliografía seleccionada   39

ANTOLOGÍA POÉTICA

PRIMERAS SOLEDADES (1898-1907)...........   45
SOLEDADES, GALERÍAS Y OTROS POEMAS
    (1899-1907)..   51
DEL CAMINO   65
CANCIONES...   71
HUMORISMOS, FANTASÍAS, APUNTES   79
GALERÍAS...   89
VARIA   101
CAMPOS DE CASTILLA (1907-1917)...........   105
ELOGIOS   191
NUEVAS CANCIONES (1917-1930)   203
CANCIONERO APÓCRIFO   231
POESÍA DE LA GUERRA (1936-1939)..........   239

ÍNDICE DE PRIMEROS VERSOS   245

Prólogo

Cuando la Editorial EDAF me propuso unas páginas de introducción a esta nueva *Antología* de Antonio Machado, acepté el encargo convencido de lo difícil que resulta decir algo nuevo sobre un poeta cuya obra ha sido estudiada desde tantos y tan distintos puntos de vista, pero estimulado al mismo tiempo, porque creo que en poesía cuantos más variados sean los aspectos con que se juzga una obra, más se enriquece su contenido.

Gran parte de la crítica, interesada principalmente por las ideas que Antonio Machado expresa en su obra en verso, ha pretendido sacar de ella una concepción filosófica del mundo como si de un pensador se tratase. Yo, en esta breve introducción, quiero evitar lo que considero un desvío en la interpretación de la obra machadiana.

Toda obra poética se apoya en una visión de la realidad —ya sea esta interior o exterior— que contiene más o menos expresa una «filosofía». En el caso de la de Machado, el hecho resulta más que evidente. Pero esos intentos de descubrir en su poesía lo que esta pueda tener de filosófico nunca deben llegar, según mi opinión, al extremo de alterar de tal modo las cosas que, llevados por un prurito de «intelectualidad», perdamos el gran lírico que encierra su obra. Más aún cuando él mismo ha dejado escrito: «El intelecto no ha cantado jamás, ni esa es su misión».

I

Mi infancia son resuerdos de un patio de Sevilla...

Antonio Machado nació en Sevilla el 26 de julio de 1875 [1]. Él mismo lo ha recordado en varias ocasiones en prosa y verso. Con brevedad poética evoca los primeros años de su vida en el poema titulado «Retrato» con el que abre *Campos de Castilla*:

> Mi infancia son recuerdos de un patio de Sevilla,
> y un huerto claro donde madura un limonero...

No obstante, su nacimiento en Andalucía no va a dejarse notar demasiado en su obra, en el sentido que sus raíces líricas no nos parece que sean las de un poeta andaluz, si se admite la división de escuelas o talante espiritual de los poetas a que nos tienen acostumbrados los manuales de literatura.

Y, sin embargo, Machado tuvo ocasión de conocer las raíces populares de su tierra y saciar en ellas su espíritu. Su padre, don Antonio Machado Álvarez, fue un notable folclorista, autor, entre otras obras, de una colección de *cantes flamencos* (1881). Cuando en su último libro, *Nuevas canciones*, busque su inspiración en la canción popular, lo hará, como dice Manuel Alvar, sin querer ver lo que está ante sus ojos:

> El poeta no ve aquella tierra (la de Andalucía), oscura como un vinagre espeso, ni la exacta geometría de los olivares, ni las manchas doradas del trigal. El

---

[1] Sobre la vida de A. M., véase M. Pérez Ferrero: *Vida de Antonio Machado y Manuel*, y J. M.ª Valverde: *Antonio Machado*. (Los datos completos de los libros citados, al final en la Bibliografía seleccionada.)

poeta no quiere ver. (...) Y es que el corazón seguía estando en el alto Duero. (...) Esta tierra de Soria, pertinaz en el recuerdo, le hace descubrir la belleza sutil de los viejos cancioneros: el poeta recupera los temas de la tradición. Son canciones de molineros, de pastores, de colmeneros, de leñadores, de hortelanos o las primaverales de doncellas que danzan [2].

Pero aunque Andalucía no trascienda en su obra de una manera fundamental, su niñez en el patio del Palacio de las Dueñas y otros múltiples recuerdos de infancia sevillana aparecerán profusamente en su obra.

¡Madrid, Madrid! ¡Qué bien tu nombre suena...

La incorporación de su abuelo paterno a una cátedra en la Universidad Central hace que toda la familia Machado se traslade a Madrid (1883). Antonio tiene ocho años. Su adolescencia y juventud, como él mismo ha dicho, fueron madrileñas.

En Madrid, y desde su llegada hasta que cumple catorce años, estudia en la Institución Libre de Enseñanza, entre cuyos profesores y la familia Machado existían estrechas relaciones ideológicas y de amistad. Ese largo periodo de seis años fue decisivo para la formación de nuestro poeta. La Institución, que mostraba un nuevo talante educativo frente al anquilosado sistema docente de la época, influyó notablemente en Antonio, no solo desde el punto de vista intelectual, sino también humano. Así nos lo recuerda Vicente Tusón en su excelente introducción a *Poesías escogidas*:

---

[2] *Poesías completas,* pp. 48-50.

En aquellas aulas vio Antonio, sobre todo, ejem-
plos de tolerancia y de espíritu crítico, amor al traba-
jo, una firme ética laica y un ferviente anhelo de re-
generación de España[3].

Tras esos estudios, Machado continúa su bachille-
rato en dos institutos de la capital —San Isidro y Car-
denal Cisneros—, pero no los concluye hasta 1900,
posiblemente por inadaptación al nuevo medio estu-
diantil y docente. Sus preocupaciones del momento
iban por otros derroteros. Así, se relaciona con otros
jóvenes poetas como Francisco Villaespesa, Juan Ra-
món Jiménez, Valle-Inclán..., lee intensamente, viaja
por España y en dos ocasiones a París, conociendo en
la segunda a Rubén Darío, se interesa por el teatro
hasta el extremo de ingresar como meritorio en la
compañía de Guerrero-Mendoza, colabora en diversas
revistas literarias, etc. En pocas palabras, lleva la vida
algo desordenada de quien pretende hacer figurar su
nombre en el mundo de la literatura.

Sus dos viajes a París —1899 y 1902—, aunque de
corta duración, le ponen en contacto con los ambientes
literarios de la capital francesa. Conoce a Oscar Wilde y a
Jean Moréas, entre otros, al tiempo que recibe el influjo
espiritual del mundo poético de los simbolistas.

A finales de 1902, aunque con pie de imprenta de
1903, aparece *Soledades,* su primer libro de poemas. En
los años siguientes prepara unas oposiciones a cátedras
de francés para institutos de enseñanza secundaria, para
las que por entonces no se precisaba tener licenciatura
universitaria. Las gana en 1907 y es destinado a Soria,
donde toma posesión de su cátedra el 1 de mayo del
mismo año, regresando inmediatamente a Madrid en

---

[3] *Poesías escogidas,* p. 20.

espera de su incorporación en el mes de septiembre. A finales del mismo año publica la segunda edición de *Soledades*, notablemente modificada y aumentada, con el título de *Soledades. Galerías. Otros poemas.*

Soria, ciudad castellana...

Todos los estudiosos de Machado coinciden en afirmar la importancia que tuvo para el poeta el descubrimiento de la ciudad de Soria y, consecuentemente, de Castilla. Tanto su vida como su obra se verán profundamente afectadas. La primera, por la significación que supuso para el poeta el conocimiento de Leonor, casi una niña, veinte años más joven que él, con la que contrajo matrimonio y a la que perdió tres años después. La segunda, por su cambio de estética, lo que le hizo orientar su obra hacia otros motivos de inspiración. A este respecto nos dice Pilar Palomo:

> En los cinco años sorianos de la vida de Machado cristaliza otro mundo poético, no oponente, sino complementario del anterior, en una homogénea evolución. Si la infancia sevillana es el paraíso perdido de la fe, la senda segura, la mano conductora o la pureza de un mundo virgen, la madurez soriana, Soria misma, es una España viva, es *humanismo*, es *autenticidad* y es *amor*[4].

Son las propias manifestaciones de Antonio Machado las que han hecho profundizar a los críticos en esas observaciones:

---
[4] *Poesía*, p. 24.

Cinco años en la tierra de Soria, hoy para mí sagrada —allí me casé, allí perdí a mi esposa, a quien adoraba— orientaron mis ojos y mi corazón hacia lo esencial castellano [5].

Las ideas estéticas que alimentó con los primeros viajes a París sufrieron por entonces una notable transformación. Con razón nos dice Machado que en la época de su llegada a Soria «ya era, además, muy otra mi ideología».

Por estos campos de la tierra mía...

Tras la muerte de Leonor (1912), Machado abandona Soria lleno de dolorosos recuerdos. Se le destina al Instituto de Baeza, tras intentar su traslado a Alicante y Salamanca. En esa ciudad residió hasta 1919. Durante los años de Baeza trata de reencontrar su tierra natal y cantarla como antes había cantado la tierra soriana. Así, en el poema «Olivo del camino», dice:

> Hoy, a tu sombra, quiero
> ver estos campos de mi Andalucía,
> como a la vera ayer del alto Duero
> la hermosa tierra de encinar veía.

Pero ya se ha visto lo que decía M. Alvar al referirse a *Nuevas canciones*.

Los primeros años en Baeza son años en los que el recuerdo se sobrepone a la realidad circundante. La visión del paisaje entre esta ciudad y Úbeda, camino que el poeta hacía frecuentemente a pie, las excursiones a ciudades andaluzas y a las fuentes del Guadalquivir

---

[5] Prólogo a *Campos de Castilla*, 1917.

fueron serenando su espíritu. No obstante, el recuerdo de Soria no le abandona:

> Allá, en las altas tierras,
> por donde traza el Duero
> su curva de ballesta
> en torno a Soria, entre plomizos cerros
> y manchas de raídos encinares,
> mi corazón está vagando, en sueños...

La vida de ritmo lento y amodorrado de Baeza hace que Machado reflexione con tristeza y lucidez poética sobre su pasado reciente. De esas reflexiones surgirán una serie de poemas —como el arriba citado— que fueron añadidos a *Campos de Castilla* en la edición de 1917 de sus *Poesías completas*. En ellos el recuerdo de Leonor, transcurrido cerca de un año de su muerte, permanece aún vivo:

> Señor, ya me arrancaste lo que yo más quería.
> Oye otra vez, Dios mío, mi corazón clamar.
> Tu voluntad se hizo, Señor, contra la mía.
> Señor, ya estamos solos mi corazón y el mar.

La voz del poeta se suaviza y modula para evocar desde el paisaje de Baeza escenas próximas en la memoria:

> Una noche de verano
> —estaba abierto el balcón
> y la puerta de mi casa—
> la muerte en mi casa entró.
> ....
> ¡Ay, lo que la muerte ha roto
> era un hilo entre los dos!

Durante sus años en Baeza, Machado quiere dar formalidad administrativa a una de sus grandes preocupaciones: la filosofía. Así pues, se matricula como alumno libre en la Universidad Central. Y en 1918 obtiene el título de licenciado. El poeta ha cumplido cuarenta y tres años. Esas preocupaciones filosóficas y, posiblemente, su parcial sequedad lírica, van a orientar su poesía por unos caminos en los que la meditación y la reflexión, salvo casos excepcionales, aparecerán constantemente.

¿Eres tú, Guadarrama, viejo amigo...?

Fatigado del enfrentamiento permanente de los profesores del Instituto y de la monotonía de su vida en Baeza, solicita un nuevo traslado que lleva a nuestro poeta al Instituto de Segovia (1919). A partir de entonces su vida transcurre entre Segovia y Madrid, donde pasa los fines de semana. En la primera ciudad inicia nuevas y duraderas amistades; en la segunda, reanuda sus relaciones con amigos de otros años. De sus amigos segovianos, recordemos al escultor Emiliano Barral quien hizo un busto del poeta:

> ...Y tu cincel me esculpía
> en una piedra rosada,
> que lleva una aurora fría
> eternamente encantada...

Son doce años los que Antonio Machado pasa en el Instituto de Segovia. Durante ese largo periodo numerosos acontecimientos, algunos de suma importancia, van a darse en la vida del poeta. Así, en abril de 1924 publica su tercer libro, *Nuevas canciones,* y un año después comienza la redacción de *Los complementarios.* También en estos años comienza la colaboración teatral con su hermano Manuel, y la Institución Libre de Enseñanza, por medio de la Asociación de Antiguos Alumnos, rinde un homenaje a los dos hermanos que acababan de tener un gran éxito con su drama *Desdichas de la fortuna* (1926). En este mismo año, Antonio se afilia a la Alianza Republicana.

El 24 de marzo, a instancias de Azorín, pero sin haberlo solicitado Machado, fue elegido académico de la Lengua. Un año después (1928) conoce en Segovia a Pilar Valderrama, poetisa, autora de varios libros de versos y obras teatrales. A uno de ellos —*Esencias*— dedicó Machado una amplia reseña en «Los lunes del Imparcial» (1930). También en 1928 publica nuestro poeta la segunda edición de sus *Poesías completas*.

Es el año 1931 cuando Machado se traslada a Madrid como catedrático al Instituto Calderón de la Barca, donde permanecerá hasta 1935 en que pasa al Instituto Cervantes.

Otra vez es la noche. ..

Al estallar, en 1936, la sublevación del general Franco, Machado, hombre liberal por formación y por convencimiento, pone su pluma al servicio y en defensa de la República. Ya había saludado su advenimiento en 1931 izando la bandera republicana desde el balcón del Ayuntamiento de Segovia.

Ese mismo año sale la tercera edición de sus *Poesías completas*. En noviembre, en plena campaña bélica, abandona Madrid camino de Valencia, acompañado de su madre, su hermano José y la familia de este. Vivirán en Rocafort, a unos ocho kilómetros de la ciudad.

No obstante su delicado estado de salud, sigue contribuyendo en favor de la causa republicana por medio de escritos que aparecen en diversos periódicos y revistas. En 1937 asiste a la clausura del II Congreso Internacional de Escritores para la Defensa de la Cultura que se celebra en Valencia y en el que participan gran número de intelectuales europeos y americanos.

Al año siguiente, dadas las circunstancias de la contienda, abandona Valencia trasladándose a Barcelona, siempre acompañado de su familia. Los acontecimientos bélicos hacen presumir una pronta derrota del ejército republicano. Cuando en 1939 el gobierno civil de Barcelona da la orden de abandonar la ciudad, Antonio, acompañado de su madre, su hermano José con su esposa e hijos y numerosos amigos e intelectuales (Corpus Bargas, Tomás Navarro Tomás, Carlos Riba...) sale camino de la frontera francesa.

El 27 de enero entra en Francia. Al día siguiente por la noche llega a Collioure. En ese pueblecito transcurrieron algo más de tres semanas sin que su quebrantada salud se restableciera. Y el 22 de febrero por la tarde expiraba. Su madre le sobrevivió solo tres días.

> El entierro se verificó —nos cuenta su hermano José— a las cinco de la tarde del jueves 23 de febrero. Asistieron a él muchos amigos y admiradores llegados de fuera. Fue conmovedor, pues a su acto se sumó todo el pueblo con su alcalde a la cabeza. Pero lo más emocionante fue cuando seis milicianos, envolviendo el féretro con la bandera de la República Española, lo llevaron en hombros hasta el cementerio[6].

Fue el primer homenaje póstumo que recibió Machado del pueblo español.

II

¿DICES QUE NADA SE CREA?

La obra poética de Machado es breve. Solo tres libros, cuyo contenido fue aumentando en nuevas edi-

---

[6] *Últimas soledades del poeta Antonio Machado*, p. 235.

ciones, son una corta cosecha para un hombre que dedicó más de treinta años a la poesía. Si quisiéramos encontrar algunos precedentes notables, tendríamos que buscarlos en Garcilaso de la Vega y en Gustavo Adolfo Bécquer, poetas que, aunque murieron a edad más temprana que Machado —Garcilaso, a los treinta y tres años; Bécquer, a los treinta y cuatro—, poseen una obra lírica breve y uniforme como la suya.

No obstante, los críticos no han llegado a un acuerdo sobre si la obra de Machado es tan uniforme como desde un principio se había dicho o, por el contrario, se puede dividir en periodos diferenciados[7]. Los que defienden la primera idea, sostienen que la actitud del poeta ante el hecho creador se mantiene inalterable a lo largo de toda su obra. Para los segundos, *Soledades, galerías y otros poemas*, *Campos de Castilla* y *Nuevas canciones* son otros tantos núcleos de creación en los que no solo la temática, sino los distintos procedimientos que se desarrollan en el poema son diferentes. Por ello se dice que en *Soledades* Machado es un poeta que arrastra todavía un notable influjo modernista, además de romántico (Bécquer), de los que poco a poco se irá desprendiendo (*Soledades, galerías y otros poemas*), hasta conseguir su tono personal.

En lo que respecta a *Campos de Castilla*, este libro se viene a considerar como la incorporación tardía del poeta a los temas y problemas de la generación del 98 al tratar asuntos relacionados con la decadencia de España, su historia pasada y su presente.

Por otro lado, *Nuevas canciones* se ve como la etapa del reencuentro de Machado con su tierra andaluza al incorporar su obra abundantes coplas, canciones, sentencias y decires de carácter popular.

---

[7] Geoffrey Ribbans: Prólogo a *Soledades. Galerías. Otros poemas*, p. 7 y siguientes.

Rafael Ferreres ha establecido cuatro etapas en la obra de Machado, «dentro de su indudable continuidad», como él mismo indica. Veámoslas:

I. Desde 1899 hasta 1902, periodo en que escribe *Soledades*. Momento modernista.

II. Desde 1903, aparición de *Soledades*, hasta 1907, publicación de *Soledades, galerías y otros poemas*. Periodo de eliminación —no del todo— de la influencia del Modernismo. Corrección y supresión de algunos poemas de su primer libro *Soledades*. Breve visión del paisaje castellano: Soria. Profundidad introspectiva hacia las galerías del alma.

III. Desde 1907 hasta 1912, en que aparece *Campos de Castilla*. Primeros poemas de preocupación españolista. Es decir, cuando se manifiesta poeta con problemas patrióticos que lo vinculan con la generación del 98. Es, por tanto, un noventaiochista rezagado. Intensificación del paisaje y preocupación del hombre soriano en su lírica. Poeta narrativo: «La tierra de Alvargonzález».

IV. Desde 1912, a *Nuevas canciones* (1924) y *Poesías Completas* (1928), en que mantiene el clima poético de la etapa anterior. En el aspecto amoroso aparece la amarga realidad de un amor logrado y perdido: muerte de su mujer, Leonor. Descripción y meditación del paisaje andaluz (Baeza). Intenta dar a su poesía un contenido ideológico-filosófico. Su hermano Manuel nos dice: «Antonio Machado... trabaja para simplificar la forma hasta lo lapidario y lo popular». Esto le lleva, en ocasiones, a lo conceptuoso y sentencioso. Le atrae lo popular y escribe cancioncillas y coplas a imitación de los cantantes folclóricos

---

[8] Prólogo a *Soledades*, pp. 17-18.

andaluces. La preocupación filosófica y las meditacio-
nes retóricas se manifestarán plenamente en su *Juan
de Mairena* y en su obra posterior[8].

Desde el umbral de un sueño me llamaron...

Con el influjo de los simbolistas franceses[9], sobre
todo de Verlaine, y de los modernistas, particularmente
de Rubén Darío, además de un tono «intimista» que la
crítica ha relacionado con el romanticismo, y muy espe-
cialmente con Bécquer, aparece el primer libro de Ma-
chado titulado *Soledades*, editado a finales de 1902,
pero con pie de imprenta de 1903. No obstante lo di-
cho, en este primer libro se ponen al descubierto algu-
nas de las notas características de su poesía: una gran
sobriedad de expresión y gran melancolía. Lo primero
lo hereda de la línea más «pura» de la poesía castellana.
Recordemos su admiración por Jorge Manrique:

> *Nuestras vidas son los ríos*
> *que van a dar a la mar*
> *que es el morir...* ¡Gran cantar!
> Entre los poetas míos
> tiene Manrique un altar.

La melancolía y la tristeza proceden, en principio,
de sus lecturas de poetas románticos (Bécquer, Rosa-
lía de Castro)[10], pero matizadas, personalizadas, por
su propio espíritu. Esto se manifiesta más claramen-
te en la segunda edición de *Soledades*. En ella vamos
a encontrar al poeta hondo, profundo «misterioso y

---

[8] Prólogo a *Soledades*, pp. 17-18.
[9] P. M. Aguirre: *Antonio Machado, poeta simbolista*.
[10] Rafael Lapesa: «Bécquer, Rosalía y Machado», en *De la Edad Media a nuestros días*, PP. 300-306.

silencioso», como lo retrató magistralmente Rubén Darío. Es preciso destacar que estas notas de su poesía se dan con profusión en los nuevos poemas añadidos, particularmente en los que corresponden a la sección de *galerías*.

> Llamó a mi corazón, un claro día,
> con un perfume de jazmín, el viento.
> —A cambio de este aroma
> todo el aroma de tus rosas quiero.
> —No tengo rosas; flores
> en mi jardín no hay ya; todas han muerto...

Son estas *galerías* pasadizos secretos del corazón por donde camina el poeta como entre sueños. Podríamos ver en ellas, si lo comparamos con San Juan de la Cruz, su «noche oscura del alma» por la que sale a caminar, no con la alegría y la agitación del místico, sino con la tristeza y la amargura del hombre mortal que se asombra al contemplar los misterios del alma:

> En nuestras almas todo
> por misteriosa mano se gobierna.
> Incomprensibles, mudas,
> nada sabemos de las almas nuestras...

Solo el poema adquiere un tono de entusiasmo reprimido cuando el poeta se encuentra con la niñez. Numerosas son las composiciones donde nos habla de la infancia como si de un paraíso perdido se tratase:

> Galerías del alma... ¡El alma niña!
> Su clara luz risueña;
> y la pequeña historia
> y la alegría de la vida nueva...
> ¡ Ah, volver a nacer, y andar camino,
> ya recobrada la perdida senda!

Castilla, España de los largos ríos...

En *Campos de Castilla*, publicado en 1912, nos encontramos con otro aspecto de la poesía machadiana: el descubrimiento del duro y áspero paisaje de Castilla. Sobre el contenido de este libro nos dirá el propio Machado:

> A una preocupación patriótica corresponden muchas de sus composiciones; otras, al simple amor a la Naturaleza, que en mí supera infinitamente al del Arte. Por último, algunas rimas revelan las muchas horas de mi vida gastadas —alguien dirá: perdidas— en meditar sobre los enigmas del hombre y del mundo [11].

En estas declaraciones vemos cómo Machado distingue tres aspectos fundamentales del libro: primero, la inquietud por los problemas del país, de los que participan otros escritores de la generación del 98 como Unamuno, Baroja y Azorín; segundo, el amor a la Naturaleza que le enseñaran desde niño en la Institución Libre de Enseñanza y que jamás olvidó, y, por último, una serie de poemas diversos en temas y contenidos. Un libro, pues, heterogéneo.

Pero en la edición de sus *Poesías completas,* en 1917, incorpora al mismo nuevas poesías donde el tema del paisaje se enriquece con la evocación de Leonor, ya fallecida. Sobrecogedores son muchos de ellos, en los que el verso recobra la hondura de sentimientos y el tono profundo de *Soledades, galería y otros poemas.*

> Soñé que tú me llevabas
> por una blanca vereda,
> en medio del campo verde,

---

[8] Prólogo a *Campos de Castilla*, 1917.

> hacia el azul de las sierras,
> hacia los montes azules,
> una mañana serena...

Unas veces cantará el recuerdo de la vida pasada con Leonor, otras, la evocación del cementerio donde está enterrada, como cuando pide a su amigo José María Palacio que visite su tumba:

> ... Con los primeros lirios
> y las primeras rosas de las huertas,
> en una tarde azul, sube al Espino,
> al alto Espino donde está su tierra...

En lo que respecta a su preocupación patriótica, Machado la expresa en una serie de poemas, la más extensa, a través de la cual nos pinta una Castilla árida, triste y envejecida por fuera y por dentro —su pasado y su presente—, poblada de locos, de criminales, de hospicianos:

> Mala gente que camina
> y va apestando la tierra...

como ya anunciaba en *Soledades...*

Pero sus ideas y sentimientos sobre Castilla, sobre España y sus hombres, no se reducen exclusivamente a notas negativas. Su actitud ante el mundo, su visión clarividente de la historia y su talante de hombre que era «en el buen sentido de la palabra, bueno» —como él mismo dijo de sí— le hacen tener esperanzas en sus semejantes.

Por ello, junto a la «España de charanga y pandereta», canta también «la España de la rabia y de la idea». Así, cuando enjuicia el pasado reciente, su visión es absolutamente negativa:

... Fue un tiempo de mentira, de infamia. A España toda,
la malherida España, de Carnaval vestida
nos la pusieron, pobre y escuálida y beoda,
para que no acertara la mano con la herida.

Igual ocurre cuando medita sobre el presente en relación con el pasado heroico de Castilla:

Castilla miserable, ayer dominadora,
envuelta en sus andrajos desprecia cuanto ignora.
....
La madre en otro tiempo fecunda en capitanes,
madrastra es hoy apenas de humildes ganapanes.

No ocurre lo mismo, sin embargo, cuando medita sobre algunos aspectos del futuro inmediato. En el poema dedicado a Azorín por su libro *Castilla* escribe:

Desde un pueblo que ayuna y se divierte,
ora y eructa, desde un pueblo impío
que juega al mus, de espaldas a la muerte,
creo en la libertad y en la esperanza,
y en una fe que nace
cuando se busca a Dios y no se alcanza,
y en el Dios que se lleva y que se hace.

La verdad, no tu verdad...

En 1924 publica Antonio Machado *Nuevas canciones*, libro en el que podemos ver el último giro de su poesía. Pretende cantar a Andalucía, pero ya, generalmente, no lo hace con la emoción con que cantó años atrás a Castilla, pues su pensamiento, uniéndose al espíritu de lo popular, busca en la poesía del pueblo su inspiración. Los poemas de ahora son breves, unos llenos de gracia, otros, de sabiduría.

También se observa lo que José María Valverde ha llamado la «otredad», es decir, la despersonalización del «yo» poético para buscar en el «otro» su complementario. De ahí, posiblemente, esa síntesis del pensamiento machadiano, unida al interés por lo popular.

Numerosos son los estudiosos de la poesía de Machado que consideran a *Nuevas canciones* como la frontera a partir de la cual comienza su declive poético. Para Fernando Lázaro Carreter, «lo más valioso de ese libro de 1924 (*Nuevas canciones*) es cuando recuerda a los dos anteriores, sobre todo a *Campos de Castilla*» [12]. Por otro lado, Dámaso Alonso dice:

> Las *Nuevas canciones*, en contraste (se refiere a *Soledades... y Campos de Castilla*), son una especie de muestrario: algunos poemas que recuerdan los de *Campos de Castilla*, otros que, con apenas breves destellos de sentimiento, meten al campo andaluz en una rígida cartonería mitológica, y, en fin, estos poemas minúsculos, definidores, dogmáticos, condensación de turbias intuiciones puramente cerebrales, alejados de la experiencia viva. Con ellos, el poeta estaba atravesando una difícil linde: de lírica a filosofía [13].

En sentido semejante, aunque con notable salvedad, se manifiesta J. M.ª Valverde:

> Heterogéneo y vario, *Nuevas canciones* es un libro que, a primera vista, parece hecho de ecos y prolongaciones de los dos primeros libros. (...) Visto por fuera, y deprisa, parece un libro de escombros de los edificios anteriores... [14].

---

[12] «El último Machado», en *Modernismo y 98*, p. 448.
[13] «Fanales de Antonio Machado», en *Cuatro poetas españoles*, pp. 144-150.
[14] Introducción a *Nuevas canciones...*, pp. 39-40.

Sin embargo, es el mismo Valverde quien trata de «comprender» la última intención de Machado al escribirlo. La crisis de su vida como hombre (muerte de Leonor) y como poeta (ausencia continuada de inspiración), al tiempo que su refugio en lo filosófico, quedan reflejados en este libro. Todo ello le hará decir a Valverde:

> Pero si ponemos el oído en el fondo constante del libro, encontraremos algo, desolado y lúcido, que queda más allá y más hondo de los dos libros anteriores, sin la decoración del primero ni el espejismo del segundo[15].

En efecto, ciertas partes de *Nuevas canciones* guardan la frescura y la poesía del mejor Machado, como la parte titulada «Apuntes»:

> Sobre el olivar
> se vio la lechuza
> volar y volar.

> Campo de Baeza
> soñaré contigo
> cuando no te vea!

> A Santa María
> un ramito verde
> volando traía.

Así como en «Canciones de tierras altas», como en la que vuelve a surgir la evocación de Soria:

---

[15] *Ibídem,* p. 40.

> Por la sierra blanca...
> La nieve menuda
> y el viento en la cara.

> Por entre los pinos
> con la blanca nieve
> se borra el camino.
> Recio viento sopla
> de Urbión a Moncayo.
> ¡Páramos de Soria!

Lo mismo podemos decir de «Canciones del alto Duero» y de numerosos poemas de las partes tituladas «Parergon» y «Los sueños dialogados».

¡Solo tu figura...!

La presencia de una nueva mujer, distinta de Leonor, aparece en la poesía de Machado. Se discutió su realidad física, creyendo que solo se trataba de un ente de ficción del propio poeta. Fue preciso que Concha Espina publicase las cartas incompletas mutiladas *De Antonio Machado a su grande y secreto amor* para que se tuviera conciencia de la «realidad» de Guiomar. No obstante, el mismo poeta trató de desorientar a los críticos con sus versos:

> ... Guiomar, Guiomar,
> mírame en ti castigado
> reo de haberte creado,
> ya no te puedo olvidar.

Igual hace cuando «pretende licenciar a la memoria, y piensa que todo ha sido imaginado por el sentir». O cuando escribe:

Todo amor es fantasía:
él inventa el año, el día,
la hora y su melodía;
inventa el amante y, más,
la amada. No prueba nada,
contra el amor, que la amada
no haya existido jamás.

Hoy ya sabemos que el apelativo Guiomar corresponde a Pilar Valderrama. Su situación social de mujer casada y con hijos justifica más que sobradamente la discreción del poeta. También se ha discutido los términos en que tal relación sentimental se llevó a cabo. ¿Fue solamente un amor idealizado a través de los versos del poeta? ¿Fue, por el contrario, una experiencia amorosa con todas sus consecuencias de relaciones íntimas? Sin tener una opinión hecha al respecto, nos parecen, no obstante, muy acertadas las palabras de Fernando Lázaro Carreter cuando afirma:

> En mi opinión, que no puedo explayar más, estos fueron los amores de don Antonio Machado y Guiomar: dos soledades en una. Machado, que en los umbrales de la vejez se encuentra con el inesperado regalo del amor, se añora hermoso y joven para hacerle frente, y lo encara con una complacida y dolorosa tortura mental. (...) Con Guiomar, si no me engaño, vivió el poeta una experiencia torturante, que le dictó unos pocos versos de amor y sobre el amor[16].

Inútil sería traer ejemplo tras ejemplo, poemas amorosos de la última parte de la obra del poeta. J. M.ª Valverde ha diferenciado dos periodos en torno a los cuales agrupa esas diversas composiciones. El primero de ellos lo denomina Pre-Guiomar, y el segundo, de claro

---

[16] Obr. cit., p. 453.

influjo de Guiomar. De todas maneras, no cabe la menor duda que el corazón y la intuición del poeta se vieron movidos con un impulso nuevo originado por ese noble sentimiento. Y tuvo su plasmación lírica, entre otros, en los ocho poemas «o secuencias poemáticas» que comienzan así:

> ¡Solo tu figura,
> como una centella blanca,
> en mi noche oscura!

> ¡Y en la tersa arena,
> cerca de la mar,
> tu carne rosa y morena,
> súbitamente, Guiomar!

La tierra se desgarra...

Con el título común de «Poesías de guerra» se recogen diecinueve poemas que aunque con temas distintos, descubren todos ellos el fondo común de la contienda. No obstante, en unos se recordará a Soria, en otros a Guiomar, en otros la Naturaleza que Machado amaba tanto. Aunque de desigual valor, son el testimonio de los últimos momentos de nuestro poeta. Algunos de ellos encierran no solo el estilo, sino la emoción de los grandes momentos de Machado, como sucede con la elegía a Federico García Lorca y «La muerte del niño herido».

El final de su vida y de su poesía está enmarcado por el verso que su hermano José encontró en el bolsillo del gabán de Machado después de muerto:

Estos días azules y este sol de la infancia...

El color de la pureza y el brillo del recuerdo, dos de los elementos con los que Antonio Machado edificó gran parte de su obra.

JOAQUÍN BENITO DE LUCAS
Madrid, enero de 1987

Cronología

1875   Antonio Machado Ruiz nace en Sevilla el 26 de julio en el Palacio de las Dueñas. Dividido entonces en viviendas, era ocupado por diferentes familias. Machado dejará por escrito, en numerosas ocasiones, el recuerdo del patio, la fuente, el limonero y otras reminiscencias conservadas de la infancia.

1876   Nace la Institución Libre de Enseñanza, en cuyas aulas estudiará Machado durante seis cursos —de los 8 a los 14 años.

1883   La familia Machado se traslada a Madrid. Su abuelo paterno, don Antonio Machado Núñez, que fue expulsado de su cátedra en la Universidad de Sevilla, es repuesto en la misma en la Universidad Central.

1899   Primer viaje a París donde, con su hermano Manuel, trabaja como traductor de la editorial Garnier. Su permanencia en la capital francesa es de unos cuatro meses.

1900   Termina los estudios de bachillerato que había cursado de forma irregular y discontinua.

1902   Segundo viaje a París como canciller del Consulado de Guatemala. El cónsul interino era su amigo Enrique Gómez Carrillo, quien le procuró el empleo. En este viaje conoce a Rubén Darío. Su estancia en París también resulta breve. A finales del año publica *Soledades*, aunque figura 1903 como año de edición.

1907   Gana una cátedra de francés. Elige la vacante del Instituto de Soria donde toma posesión en mayo. Ese mismo año publica *Soledades. Galerías. Otros poemas*.

1909   Contrae matrimonio con Leonor Izquierdo Cuevas, cuyos padres tenían una pensión en Soria en la que estaba instalado el poeta.

1910   Tercer viaje a París pensionado por la Junta de Ampliación de Estudios. Le acompaña Leonor. Sigue las clases de Bédier y Bergson. Su mujer sufre una fuerte hemoptisis. Regresan a Soria con la ayuda económica de Rubén Darío.

1912   Publica *Campos de Castilla*. Semanas después (1 de agosto) muere Leonor. Machado solicita el traslado al Instituto de Baeza.

1917   Editorial Calleja publica sus *Páginas escogidas*. La Residencia de Estudiantes edita sus *Poesías completas*.

1918   Obtiene el título de licenciado en Filosofía. Machado ha cumplido 43 años.

1919   Cansado de la vida provinciana de Baeza, pide traslado al Instituto de Segovia.

1924   Publica su tercer libro, *Nuevas canciones*.

1926   Comienza la colaboración teatral con Manuel. La Institución Libre de Enseñanza rinde un homenaje a los dos hermanos.

1927   Es elegido académico de la Lengua, cuyo discurso de ingreso no llegó a leer nunca.

1928   Conoce a Guiomar en Segovia. Publica la segunda edición de sus *Poesías completas*.

1931   Proclamación de la República. Machado pertenece a la Agrupación al Servicio de la República.

Se traslada al Instituto Calderón de la Barca, de Madrid.

1932   Es nombrado «hijo predilecto» de la ciudad de Soria.

1933   Tercera edición de sus *Poesías completas*.

1935   Pasa al Instituto Cervantes, de Madrid.

1936   Alzamiento militar del general Franco (18 de julio). En noviembre, Machado se traslada a Valencia. Cuarta edición de sus *Poesías completas*.

1937   Participa en el II Congreso Internacional de Escritores para la Defensa de la Cultura, que se celebra en Valencia. Pronuncia el «Discurso a las Juventudes Socialistas Unificadas». Colabora en la revista *Hora de España*.

1938   En abril, se traslada a Barcelona. Colabora en *La Vanguardia*.

1939   El 22 de enero, acompañado de su madre, abandona Barcelona camino de Francia. Se instala en Collioure, donde muere el 22 de febrero. Tres días después, morirá su madre.

Bibliografía seleccionada

EDICIONES

Soledades, Madrid, Imp. de A. Álvarez, 1903.
Soledades. Galerías. Otros poemas, Madrid, Pueyo, 1907.
Campos de Castilla, Madrid, Renacimiento, 1912.
Páginas escogidas, Madrid, Calleja, 1917.
Poesías completas (1899-1917), Madrid, Residencia de Estudiantes, 1917.
Soledades, galerías y otros poemas, 2.ª ed., Madrid, Espasa-Calpe, 1919.
Poesías completas (1899-1925), 2.ª ed., Madrid, Espasa-Calpe, 1928. Espasa-Calpe publica, en vida del autor, la 3.ª ed. en 1933, y la 4.ª ed. en 1936.
Juan de Mairena. Sentencias, donaires, apuntes y recuerdos de un profesor apócrifo, Madrid, Espasa-Calpe, 1936.
Abel Martín. Cancionero de Juan de Mairena. Prosas varias, Buenos Aires, Losada, 1943.
Los complementarios y otras prosas póstumas, Buenos Aires, Losada, 1957. Edición de Guillermo de Torre.
Poesías de guerra de Antonio Machado, San Juan de Puerto Rico, Universidad de Río Piedras, 1961. Edición de Aurora de Albornoz.
Los complementarios, edición íntegra y facsímil de Domingo Yndurain, 2 vols., Madrid, Taurus, 1972.

OTRAS EDICIONES

Machado, Antonio: *Poesías completas*, prólogo de Manuel
 Alvar, Selecciones Austral, 1, Espasa-Calpe, Madrid,
 1975.
Machado, Antonio: *Campos de Castilla*, edición de José Luis
 Cano, Cátedra, Madrid 1977, 4.ª ed.
Machado, Antonio: *Soledades (poesías)*, edición de Rafael Fe-
 rreres, Taurus, Madrid, 1969.
Machado, Antonio: *Soledades. Galerías. Otros poemas*, edi-
 ción, prólogo y notas de Geoffrey Ribbans, Textos His-
 pánicos Modernos, 29, Labor, Barcelona, 1975.
Machado, Antonio: *Nuevas canciones* y *De un cancionero
 apócrifo*, edición, introducción y notas de J. M.ª Valverde,
 Clásicos Castalia, 32, Castalia, Madrid, 1971.
Machado, Antonio: *Juan de Mairena. Sentencias, donaires,
 apuntes y recuerdos de un profesor apócrifo* (1936), edi-
 ción, introducción y notas de J. M.ª Valverde, Clásicos
 Castalia, 42, Castalia, Madrid, 1971.

ESTUDIOS

Aguirre, J. M., *Antonio Machado, poeta simbolista, Madrid*,
 Taurus, 1982. Col. Persiles, 59.
Alonso, Dámaso, «Fanales de Antonio Machado», en *Cua-
 tro poetas españoles*, Madrid, Gredos, 1976. Col. Campo
 Abierto, 3, pp. 135-178.
Cerezo Galán, P., *Palabra en el tiempo. Poesía y filosofía en
 Antonio Machado*, Madrid, Gredos, 1975, Biblioteca
 Románica Hispánica, 237.
Gullón, R., y Phillips, A. W., *Antonio Machado*, 2.ª ed., Ma-
 drid, Taurus, 1979. Col. Persiles, 63. Edición de... (Es
 una antología crítica compuesta por 36 trabajos sobre
 diversos aspectos de la vida y la obra de Antonio Ma-
 chado).
Lapesa, Rafael, «Bécquer, Rosalía y Machado», en *De la
 Edad Media a nuestros días*, Madrid, Gredos, 1967. Bi-
 blioteca Románica Hispánica, 104, pp. 300-306.
Lázaro Carreter, Fernando, «El último Machado», en *Moder-*

nismo y 98, ed. de José-Carlos Mainer, vol. VI de Historia y crítica de la Literatura Española, al cuidado de Francisco Rico, Barcelona, Grijalbo, 1980, pp. 447-454.

Machado, José, *Últimas soledades del poeta Antonio Machado. (Recuerdos de su hermano José),* Madrid, Forma Ediciones, 1977.

Pérez Ferrero, M., *Vida de Antonio Machado y Manuel,* 2.ª ed., Buenos Aires, Espasa-Calpe Argentina, 1953, Col. Austral, 1135.

Sánchez Barbudo, A., *Los poemas de Antonio Machado. Los temas. El sentimiento y la expresión,* Barcelona, Lumen, 1967. Col. Palabra en el tiempo, 20.

Sesé, Bernard, *Antonio Machado (1875-1939). El hombre. El poeta. El pensador,* 2 vols., Madrid, Gredos, 19. Biblioteca Románica Hispánica, 299.

Tuñón de Lara, M., *Antonio Machado, poeta del pueblo,* 4.ª ed., Barcelona, Laia, 1981.

Valverde, J. M., *Antonio Machado,* Madrid, Siglo XXI, 1975. Zubiría, Ramón de, *La poesía de Antonio Machado,* 3.ª ed. Madrid, Gredos, 1973. Biblioteca Románica Hispánica, 21.

ANTOLOGÍAS

Antonio Machado. Antología de su prosa, prólogo y selección de Aurora de Albornoz, Edicusa, Madrid, 1970, 4 vols.

Antonio Machado, estudio de M. Armiño, Escritores de todos los tiempos, Edaf, Madrid, 1979.

Antología, selección y prólogo de J. Cano, Anaya, Salamanca, 1961.

Antología poética, prólogo de J. Hierro, Marte, Barcelona, 1968.

Antología poética, prólogo de J. Marías, Salvat Editores, Madrid, 1969.

Poesía, estudio, notas y comentarios de texto de María Pilar Palomo, Narcea, Madrid, 1974, 2.ª ed.

Páginas escogidas, con cuadros cronológicos, introducción, bibliografía, notas y llamadas de atención, documentos y orientaciones para el estudio a cargo de Vicente Tusón, Col. Castalia Didáctica, Castalia, Madrid, 1986.

ANTOLOGÍA POÉTICA

PRIMERAS «SOLEDADES»
(1898-1907)

LA FUENTE *

Desde la boca de un dragón caía
en la espalda desnuda
del Mármol del Dolor
—soñada en piedra contorsión ceñuda—
la carcajada fría
del agua, que a la pila descendía
con un frívolo, erótico rumor.
Caía al claro rebosar riente
de la taza, y cayendo, diluía
en la planicie muda de la fuente
la risa de sus ondas de ironía.
Del tosco mármol la arrugada frente
hasta el hercúleo pecho se abatía.
Misterio de la fuente, en ti las horas
sus redes tejen de invisible hiedra;
cautivo en ti, mil tardes soñadoras
el símbolo adoré de agua y piedra.
Aún no comprendo el mágico sonido
del agua, ni del mármol silencioso
el cejijunto gesto contorcido
y el éxtasis convulso y doloroso.

---

* Este poema y los cuatro siguientes, que figuraban en *Soledades* (1903), los excluye Machado de la segunda edición del libro *Soledades. Galerías. Otros poemas,* de 1907, y de ediciones sucesivas.

Pero una doble eternidad presiento
que en mármol calla y en cristal murmura
alegre copla equívoca y lamento
de una infinita y bárbara tortura.
Y doquiera que me halle, en mi memoria
—sin que mis pasos a la fuente guíe—,
el símbolo enigmático aparece...
y alegre el agua brota y salta y ríe,
y el ceño del titán se entenebrece.

Hay amores extraños en la historia
de mi largo camino sin amores,
y el mayor es la fuente
cuyo dolor anula mis dolores,
cuyo lánguido espejo sonriente
me desarma de brumas y rencores.

La vieja fuente adoro;
el sol la surca de alamares de oro,
la tarde la cairela de escarlata
y de arabescos fúlgidos de plata.
Sobre ella el cielo tiende
su loto azul más puro;
y cerca de ella el amarillo esplende
del limonero entre el ramaje oscuro.

Misterio de la fuente, en ti las horas
sus redes tejen de invisible hiedra;
cautivo en ti, mil tardes soñadoras
el símbolo adoré de agua y piedra;
el rebosar de tu marmórea taza,
el claro y loco borbollar riente
en el grave silencio de la plaza,
y el ceño torvo del titán doliente.

Y en ti soñar y meditar querría
libre ya del rencor y la tristeza,
hasta sentir, sobre la piedra fría,
que se cubre de musgo mi cabeza.

INVIERNO

Hoy la carne aterida
el rojo hogar en el rincón oscuro
busca medrosa. El huracán frenético
ruge y silba, y el árbol esquelético
se abate en el jardín y azota el muro.
Llueve. Tras el cristal de la ventana,
turbio, la tarde parda y rencorosa
se ve flotar en el paisaje yerto,
y la nube lejana
suda amarilla palidez de muerto.
El cipresal sombrío
lejos negrea, y el pinar menguado,
que se esfuma en el aire achubascado,
se borra al pie del Guadarrama frío.

CENIT

Me dijo el agua clara que reía,
bajo el sol, sobre el mármol de la fuente:
si te inquieta el enigma del presente,
aprende el son de la salmodia mía.
Escucha bien en tu pensil de Oriente
mi alegre canturía,
que en los tristes jardines de Occidente
recordarás mi risa clara y fría.
Escucha bien que hoy dice mi salterio
su enigma de cristal a tu misterio
de sombra, caminante: Tu destino
será siempre vagar, ¡oh peregrino,
del laberinto que tu sueño encierra!
Mi destino es reír: sobre la tierra
yo soy la eterna risa del camino.

CREPÚSCULO

Caminé hacia la tarde de verano
para quemar, tras el azul del monte,
la mirra amarga de un amor lejano
en el ancho flamígero horizonte.
Roja nostalgia el corazón sentía,
sueños bermejos, que en el alma brotan
de lo inmenso inconsciente,
cual de región caótica y sombría
donde ígneos astros, como nubes, flotan,
informes, en un cielo lactescente.
Caminé hacia el crepúsculo glorioso,
congoja del estío, evocadora
del infinito ritmo misterioso
de olvidada locura triunfadora.
De locura adormida, la primera
que al alma llega y que del alma huye,
y la sola que torna en su carrera
si la agria ola del ayer refluje.
La soledad, la musa que el misterio
revela al alma en sílabas preciosas
cual notas de recóndito salterio,
los primeros fantasmas de la mente
me devolvió, a la hora en que pudiera,
caída sobre la ávida pradera
o sobre el seco matorral salvaje,
un ascua del crepúsculo fulgente,
tornar en humo el árido paisaje.
Y la inmensa teoría
de gestos victoriosos
de la tarde rompía
los cárdenos nublados congojosos.
Y muda caminaba
en polvo y sol envuelta, sobre el llanto,
y en confuso tropel, mientras quemaba
sus inciensos de púrpura el verano.

«SIEMPRE QUE SALE EL ALMA»

Siempre que sale el alma de la oscura
galería de un sueño de congoja,
sobre un campo de luz tiende la vista
que un frío sol colora.
Surge el hastío de la luz; las vagas,
confusas, turbias formas
que poblaban el aire, se disipan,
ídolos del poeta, nebulosas
amadas de las vísperas carmíneas
que un sueño engendra y un oriente borra.
Y a martillar de nuevo el agrio hierro
se apresta el alma en las ingratas horas
de inútil laborar, mientras sacude
lejos la negra ola
de misteriosa marcha,
su penacho de espuma silenciosa...
¡Criaderos de oro lleva
en su vientre de sombra!...

SOLEDADES, GALERÍAS
Y OTROS POEMAS (1899-1907)

I

EL VIAJERO [1]

Está en la sala familiar, sombría,
y entre nosotros, el querido hermano
que en el sueño infantil de un claro día
vimos partir hacia un país lejano.

Hoy tiene ya las sienes plateadas,
un gris mechón sobre la angosta frente;
y la fría inquietud de sus miradas
revela un alma casi toda ausente.

Deshójanse las copas otoñales
del parque mustio y viejo.
La tarde, tras los húmedos cristales,
se pinta, y en el fondo del espejo.

El rostro del hermano se ilumina
suavemente. ¿Floridos desengaños
dorados por la tarde que declina?
¿Ansias de vida nueva en nuevos años?

---

[1] Se ha creído que este poema lo escribió Machado pensando
en su hermano Joaquín, que viajó a América y regresó en 1902.
A. Sánchez Barbudo piensa, no obstante, que el viajero del poema
pudo ser un tío del poeta.

¿Lamentará la juventud perdida?
Lejos quedó —la pobre loba— muerta.
¿La blanca juventud nunca vivida
teme, que ha de cantar ante su puerta?
    ¿Sonríe al sol de oro
de la tierra de un sueño no encontrada;
y ve su nave hender el mar sonoro,
del viento y luz la blanca vela hinchada?
    Él ha visto las hojas otoñales,
amarillas, rodar, las olorosas
ramas del eucalipto, los rosales
que enseñan otra vez sus blancas rosas...
    Y este dolor que añora o desconfía
el temblor de una lágrima reprime,
y un resto de viril hipocresía
en el semblante pálido se imprime.
    Serio retrato en la pared clarea
todavía. Nosotros divagamos.
En la tristeza del hogar golpea
el tictac del reloj. Todos callamos.

II

He andado muchos caminos,
he abierto muchas veredas;
he navegado en cien mares,
y atracado en cien riberas.
    En todas partes he visto
caravanas de tristeza,
soberbios y melancólicos
borrachos de sombra negra,
    y pedantones al paño
que miran, callan, y piensan
que saben, porque no beben
el vino de las tabernas.

Mala gente que camina
y va apestando la tierra...
Y en todas partes he visto
gentes que danzan o juegan,
cuando pueden, y laboran
sus cuatro palmos de tierra.
Nunca, si llegan a un sitio,
preguntan adónde llegan.
Cuando caminan, cabalgan
a lomos de mula vieja,
y no conocen la prisa
ni aun en los días de fiesta.
Donde hay vino, beben vino;
donde no hay vino, agua fresca.
Son buenas gentes que viven,
laboran, pasan y sueñan,
y en un día como tantos,
descansan bajo la tierra.

III

La plaza y los naranjos encendidos
con sus frutas redondas y risueñas.
Tumulto de pequeños colegiales
que, al salir en desorden de la escuela,
llenan el aire de la plaza en sombra
con la algazara de sus voces nuevas.
¡Alegría infantil en los rincones
de las ciudades muertas...!
¡Y algo nuestro de ayer, que todavía
vemos vagar por estas calles viejas!

IV

EN EL ENTIERRO DE UN AMIGO

Tierra le dieron una tarde horrible
del mes de julio, bajo el sol de fuego.
A un paso de la abierta sepultura
había rosas de podridos pétalos,
entre geranios de áspera fragancia
y roja flor. El cielo
puro y azul. Corría
un aire fuerte y seco.
De los gruesos cordeles suspendido,
pesadamente, descender hicieron
el ataúd al fondo de la fosa
los dos sepultureros...
Y al reposar sonó con recio golpe,
solemne, en el silencio.
Un golpe de ataúd en tierra es algo
perfectamente serio.
Sobre la negra caja se rompían
los pesados terrones polvorientos...
El aire se llevaba
de la honda fosa el blanquecino aliento.
—Y tú, sin sombra ya, duerme y reposa,
larga paz a tus huesos...
Definitivamente,
duerme un sueño tranquilo y verdadero.

V

RECUERDO INFANTIL [2]

Una tarde parda y fría
de invierno. Los colegiales
estudian. Monotonía
de lluvia tras los cristales.

Es la clase. En un cartel
se representa a Caín
fugitivo, y muerto Abel,
junto a una mancha carmín.

Con timbre sonoro y hueco
truena el maestro, un anciano
mal vestido, enjuto y seco,
que lleva un libro en la mano.

Y todo un coro infantil
va cantando la lección:
«mil veces ciento, cien mil;
mil veces mil, un millón».

Una tarde parda y fría
de invierno. Los colegiales
estudian. Monotonía
de la lluvia en los cristales.

VI

Fue una clara tarde, triste y soñolienta
tarde de verano. La hiedra asomaba
al muro del parque, negra y polvorienta...
La fuente sonaba.

---

[2] «Sobre la escuela de párvulos sevillana a que asistió el poeta»
(J. M.ª Valverde).

Rechinó en la vieja cancela mi llave;
con agrio ruido abriose la puerta
de hierro mohoso y, al cerrarse, grave
golpeó el silencio de la tarde muerta.

En el solitario parque, la sonora
copla borbollante del agua cantora
me guió a la fuente. La fuente vertía
sobre el blanco mármol su monotonía.

La fuente cantaba: ¿Te recuerda, hermano,
un sueño lejano mi canto presente?
Fue una tarde lenta del lento verano.

Respondí a la fuente:
No recuerdo, hermana,
mas se que tu copla presente es lejana.

Fue esta misma tarde: mi cristal vertía
como hoy sobre el mármol su monotonía.
¿Recuerdas, hermano...? Los mirtos talares,
que ves, sombreaban los claros cantares
que escuchas. Del rubio color de la llama,
el fruto maduro pendía en la rama,
lo mismo que ahora. ¿Recuerdas, hermano...?
Fue esta misma lenta tarde de verano.

—No sé qué me dice tu copla riente
de ensueños lejanos, hermana la fuente.

Yo sé que tu claro cristal de alegría
ya supo del árbol la fruta bermeja;
yo sé que es lejana la amargura mía
que sueña en la tarde de verano vieja.

Yo sé que tus bellos espejos cantores
copiaron antiguos delirios de amores:
mas cuéntame, fuente de lengua encantada,
cuéntame mi alegre leyenda olvidada.

—Yo no sé leyendas de antigua alegría,
sino historias viejas de melancolía.

Fue una clara tarde del lento verano...
Tú venías solo con tu pena, hermano;

tus labios besaron mi linfa serena,
y en la clara tarde, dijeron tu pena.

    Dijeron tu pena tus labios que ardían;
la sed que ahora tienen, entonces tenían.
—Adiós para siempre la fuente sonora,
del parque dormido eterna cantora
Adiós para siempre; tu monotonía,
fuente, es más amarga que la pena mía.

    Rechinó en la vieja cancela mi llave;
con agrio ruido abriose la puerta
de hierro mohoso y, al cerrarse, grave
sonó en el silencio de la tarde muerta.

VII

    El limonero lánguido suspende
una pálida rama polvorienta
sobre el encanto de la fuente limpia,
y allá en el fondo sueñan
los frutos de oro...
              Es una tarde clara,
casi de primavera,
tibia tarde de marzo
que el hálito de abril cercano lleva;
y estoy solo, en el patio silencioso,
buscando una ilusión cándida y vieja:
alguna sombra sobre el blanco muro,
algún recuerdo, en el pretil de piedra
de la fuente dormido, o, en el aire,
algún vagar de túnica ligera.

    En el ambiente de la tarde flota
ese aroma de ausencia,
que dice al alma luminosa: nunca,
y al corazón: espera.

Ese aroma que evoca los fantasmas
de las fragancias vírgenes y muertas.
Sí, te recuerdo, tarde alegre y clara,
casi de primavera,
tarde sin flores, cuando me traías
el buen perfume de la hierbabuena,
y de la buena albahaca,
que tenía mi madre en sus macetas.
Que tú me viste hundir mis manos puras
en el agua serena,
para alcanzar los frutos encantados
que hoy en el fondo de la fuente sueñan...
Sí, te conozco, tarde alegre y clara,
casi de primavera.

VIII

Yo escucho los cantos
de viejas cadencias
que los niños cantan
cuando en corro juegan,
y vierten en coro
sus almas que sueñan,
cual vierten sus aguas
las fuentes de piedra:
con monotonías
de risas eternas
que no son alegres,
con lágrimas viejas
que no son amargas
y dicen tristezas,
tristezas de amores
de antiguas leyendas.

En los labios niños,
las canciones llevan
confusa la historia
y clara la pena;
como clara el agua
lleva su conseja
de viejos amores
que nunca se cuentan.
    Jugando, a la sombra
de una plaza vieja,
los niños cantaban...
    La fuente de piedra
vertía su eterno
cristal de leyenda.
    Cantaban los niños
canciones ingenuas,
de un algo que pasa
y que nunca llega:
la historia confusa
y clara la pena.
    Seguía su cuento
la fuente serena;
borrada la historia,
contaba la pena.

IX

ORILLAS DEL DUERO

Se ha asomado una cigüeña a lo alto del campanario.
Girando en torno a la torre y al caserón solitario,
ya las golondrinas chillan. Pasaron del blanco invierno,
de nevascas y ventiscas los crudos soplos de infierno.
            Es una tibia mañana.
El sol calienta un poquito la pobre tierra soriana.

Pasados los verdes pinos,
casi azules, primavera
se ve brotar en los finos
chopos de la carretera
y del río. El Duero corre, terso y mudo, mansamente.
El campo parece, más que joven, adolescente.
Entre las hierbas alguna humilde flor ha nacido,
azul o blanca. ¡Belleza del campo apenas florido,
y mística primavera!
¡Chopos del camino blanco, álamos de la ribera,
espuma de la montaña
ante la azul lejanía,
sol de día, claro día!
¡Hermosa tierra de España!

XI

Yo voy soñando caminos
de la tarde. ¡Las colinas
doradas, los verdes pinos,
las polvorientas encinas...!
¿Adónde el camino irá?
Yo voy cantando, viajero
a lo largo del sendero.
—La tarde cayendo está—.
«En el corazón tenía
la espina de una pasión;
logré arrancármela un día:
ya no siento el corazón.»
Y todo el campo un momento
se queda, mudo y sombrío,
meditando. Suena el viento
en los álamos del río.
La tarde más se oscurece;
y el camino que serpea

y débilmente blanquea,
se enturbia y desaparece.
    Mi cantar vuelve a plañir:
«Aguda espina dorada,
quién te pudiera sentir
en el corazón clavada».

XIII

    Hacia un ocaso radiante
caminaba el sol de estío,
y era, entre nubes de luego, una trompeta gigante,
tras de los álamos verdes de las márgenes del río.
    Dentro de un olmo sonaba la sempiterna tijera
de la cigarra cantora, el monorritmo jovial,
entre metal y madera,
que es la canción estival.
    En una huerta sombría
giraban los cangilones de la noria soñolienta.
Bajo las ramas oscuras el son del agua se oía.
Era una tarde de julio, luminosa y polvorienta.
    Yo iba haciendo mi camino,
absorto en el solitario crepúsculo campesino.
    Y pensaba: «¡Hermosa tarde, nota de la lira inmensa
toda desdén y armonía;
hermosa tarde, tú curas la pobre melancolía
de este rincón vanidoso, oscuro rincón que piensa!»
    Pasaba el agua rizada bajo los ojos del puente.
Lejos la ciudad dormía
como cubierta de un mago fanal de oro transparente.
Bajo los arcos de piedra el agua clara corría.
    Los últimos arreboles coronaban las colinas
manchadas de olivos grises y de negruzcas encinas.
Yo caminaba cansado,
sintiendo la vieja angustia que hace el corazón pesado.

El agua en sombra pasaba tan melancólicamente,
bajo los arcos del puente,
como si al pasar dijera:
«Apenas desamarrada
la pobre barca, viajero, del árbol de la ribera,
se canta: no somos nada.
Donde acaba el pobre río la inmensa mar nos espera».
Bajo los ojos del puente pasaba el agua sombría.
(Yo pensaba: ¡el alma mía!)
Y me detuve un momento,
en la tarde, a meditar...
¿Qué es esta gota en el viento
que grita al mar: soy el mar?
Vibraba el aire asordado
por los élitros cantores que hacen el campo sonoro,
cual si estuviera sembrado
de campanitas de oro.
En el azul fulguraba
un lucero diamantino.
Cálido viento soplaba,
alborotando el camino.
Yo, en la tarde polvorienta,
hacia la ciudad volvía.
Sonaban los cangilones de la noria soñolienta.
Bajo las ramas oscuras caer el agua se oía.

XIV

CANTE HONDO

Yo meditaba absorto, devanando
los hilos del hastío y la tristeza,
cuando llegó a mi oído,
por la ventana de mi estancia abierta

a una caliente noche de verano,
el plañir de una copla soñolienta,
quebrada por los trémolos sombríos
de las músicas magas de mi tierra.
… Y era el Amor, como una roja llama…
—Nerviosa mano en la vibrante cuerda
ponía un largo suspirar de oro
que se trocaba en surtidor de estrellas—.
… Y era la Muerte, al hombro la cuchilla,
el paso largo, torba y esquelética.
—Tal cuando yo era niño la soñaba—.
Y en la guitarra, resonante y trémula,
la brusca mano, al golpear, fingía
el reposar de un ataúd en tierra.
Y era un plañido solitario el soplo
que el polvo barre y la ceniza avienta.

XV

La calle en sombra. Ocultaban los altos caserones
el sol que muere; hay ecos de luz en los balcones.
¿No ves, en el encanto del mirador florido,
el óvalo rosado de un rostro conocido?
La imagen, tras el vidrio de equívoco reflejo,
surge o se apaga como daguerrotipo viejo.
Suena en la calle solo el ruido de tu paso;
se extinguen lentamente los ecos del ocaso.
¡Oh, angustia! Pesa y duele el corazón… ¿Es ella?
No puede ser… Camina… En el azul la estrella.

DEL CAMINO

XX

PRELUDIO

Mientras la sombra pasa de un santo amor, hoy quiero
poner un dulce salmo sobre mi viejo atril.
Acordaré las notas del órgano severo
al suspirar fragante del pífano de abril.

Madurarán su aroma las pomas otoñales,
la mirra y el incienso salmodiarán su olor;
exhalarán su fresco perfume los rosales,
bajo la paz en sombra del tibio huerto en flor.

Al grave acorde lento de música y aroma,
la sola y vieja y noble razón de mi rezar
levantará su vuelo suave de paloma,
y la palabra blanca se elevará al altar.

XXI

Daba el reloj las doce... y eran doce
golpes de azada en tierra...
    ... ¡Mi hora! —grité—... El silencio
me respondió: —No temas;
tú no verás caer la última gota
que en la clepsidra tiembla.

Dormirás muchas horas todavía
sobre la orilla vieja,
y encontrarás una mañana pura
amarrada tu barca a otra ribera.

XXII

Sobre la tierra amarga,
caminos tiene el sueño
laberínticos, sendas tortuosas,
parques en flor y en sombra y en silencio;
criptas hondas, escalas sobre estrellas;
retablos de esperanzas y recuerdos.
Figurillas que pasan y sonríen
—juguetes melancólicos de viejo—;
imágenes amigas,
a la vuelta florida del sendero,
y quimeras rosadas
que hacen camino... lejos...

XXIX

Arde en tus ojos un misterio, virgen
esquiva y compañera.
No sé si es odio o es amor la lumbre
inagotable de tu aljaba negra.
Conmigo irás mientras proyecte sombra
mi cuerpo y quede a mi sandalia arena.
—¿Eres la sed o el agua en mi camino?
Dime, virgen esquiva y compañera.

XXXII

Las ascuas de un crepúsculo morado
detrás del negro cipresal humean...
En la glorieta en sombra está la fuente
con su alado y desnudo Amor de piedra,
que sueña mudo. En la marmórea taza
reposa el agua muerta.

XXXIII

¿Mi amor...? ¿Recuerdas, dime,
aquellos juncos tiernos,
lánguidos y amarillos
que hay en el cauce seco...?
¿Recuerdas la amapola
que calcinó el verano,
la amapola marchita,
negro crespón del campo?
¿Te acuerdas del sol yerto
y humilde, en la mañana,
que brilla y tiembla roto
sobre una fuente helada...?

XXXIV

Me dijo un alba de la primavera:
Yo florecí en tu corazón sombrío
ha muchos años, caminante viejo
que no cortas las flores del camino.

Tu corazón de sombra, ¿acaso guarda
el viejo aroma de mis viejos lirios?
¿Perfuman aún mis rosas la alba frente
del hada de tu sueño adamantino?
Respondí a la mañana:
Solo tienen cristal los sueños míos.
Yo no conozco el hada de mis sueños;
ni sé si está mi corazón florido.

Pero si aguardas la mañana pura
que ha de romper el vaso cristalino,
quizás el hada te dará tus rosas,
mi corazón tus lirios.

XXXV

Al borde del sendero un día nos sentamos.
Ya nuestra vida es tiempo, y nuestra sola cuita
son las desesperantes posturas que tomamos
para aguardar... Mas Ella no faltará a la cita.

XXXVI

Es una forma juvenil que un día
a nuestra casa llega.
Nosotros le decimos: ¿por qué tornas
a la morada vieja?
Ella abre la ventana, y todo el campo
en luz y aroma entra.
En el blanco sendero,
los troncos de los árboles negrean;
las hojas de sus copas
son humo verde que a lo lejos sueña.
Parece una laguna

el ancho río entre la blanca niebla
de la mañana. Por los montes cárdenos
camina otra quimera.

XXXVII

  ¡Oh, dime, noche amiga, amada vieja,
que me traes el retablo de mis sueños
siempre desierto y desolado, y solo
con mi fantasma dentro,
mi pobre sombra triste
sobre la estepa y bajo el sol de fuego,
o soñando amarguras
en las voces de todos los misterios,
dime, si sabes, vieja amada, dime
si son mías las lágrimas que vierto!
Me respondió la noche:
Jamás me revelaste tu secreto.
Yo nunca supe, amado,
si eras tú ese fantasma de tu sueño,
ni averigüé si era su voz la tuya,
o era la voz de un histrión grotesco.
  Dije a la noche: Amada mentirosa,
tú sabes mi secreto;
tú has visto la honda gruta
donde fabrica su cristal mi sueño,
y sabes que mis lágrimas son mías,
y sabes mi dolor, mi dolor viejo.
  ¡Oh! Yo no sé, dijo la noche, amado,
yo no sé tu secreto,
aunque he visto vagar ese que dices
desolado fantasma, por tu sueño
Yo me asomo a las almas cuando lloran
y escucho su hondo rezo,

humilde y solitario,
ese que llamas salmo verdadero;
pero en las hondas bóvedas del alma
no sé si el llanto es una voz o un eco.
    Para escuchar tu queja de tus labios
yo te busqué en tu sueño,
y allí te vi vagando en un borroso
laberinto de espejos.

CANCIONES

XXXXVIII

Abril florecía
frente a mi ventana.
Entre los jazmines
y las rosas blancas
de un balcón florido,
vi las dos hermanas.
La menor cosía,
la mayor hilaba...
Entre los jazmines
y las rosas blancas,
la más pequeñita,
risueña y rosada
—su aguja en el aire—,
miró a mi ventana.

La mayor seguía
silenciosa y pálida,
el huso en su rueca
que el lino enroscaba.
Abril florecía
frente a mi ventana

Una clara tarde
la mayor lloraba,
entre los jazmines
y las rosas blancas,
y ante el blanco lino
que en su rueca hilaba.

—¿Qué tienes —le dije—
silenciosa pálida?
Señaló el vestido
que empezó la hermana.
En la negra túnica
la aguja brillaba;
sobre el velo blanco,
el dedal de plata.
Señaló a la tarde
de abril que soñaba,
mientras que se oía
tañer de campanas.
Y en la clara tarde
me enseñó sus lágrimas...
Abril florecía
frente a mi ventana.

    Fue otro abril alegre
y otra tarde plácida.
El balcón florido
solitario estaba...
Ni la pequeñita
risueña y rosada,
ni la hermana triste,
silenciosa y pálida,
ni la negra túnica,
ni la toca blanca...
Tan solo en el huso
el lino giraba
por mano invisible,
y en la oscura sala
la luna del limpio
espejo brillaba...
Entre los jazmines
y las rosas blancas
del balcón florido,
me miré en la clara

luna del espejo
que lejos soñaba...
Abril florecía
frente a mi ventana.

XXXIX

COPLAS ELEGÍACAS

¡Ay del que llega sediento
a ver el agua correr,
y dice: la sed que siento
no me la calma el beber!

¡Ay de quien bebe y, saciada
la sed, desprecia la vida:
moneda al tahúr prestada,
que sea al azar rendida!

Del iluso que suspira
bajo el orden soberano,
y del que sueña la lira
pitagórica en su mano.
¡Ay del noble peregrino
que se para a meditar,
después de largo camino
en el horror de llegar!

¡Ay de la melancolía
que llorando se consuela,
y de la melomanía
de un corazón de zarzuela!
¡Ay de nuestro ruiseñor,
si en una noche serena
se cura del mal de amor
que llora y canta sin pena!
¡De los jardines secretos,
de los pensiles soñados,

y de los sueños poblados
de propósitos discretos!
¡Ay del galán sin fortuna
que ronda a la luna bella;
de cuantos caen de la luna,
de cuantos se marchan a ella!
¡De quien el fruto prendido
en la rama no alcanzó,
de quien el frito ha mordido
y el gusto amargo probó!
¡Y de nuestro amor primero
y de su fe mal pagada,
y, también, del verdadero
amante de nuestra amada!

XL

INVENTARIO GALANTE

Tus ojos me recuerdan
las noches de verano
negras noches sin luna,
orilla al mar salado,
y el chispear de estrellas
del cielo negro y bajo.
Tus ojos me recuerdan
las noches de verano.
Y tu morena carne,
los trigos requemados,
y el suspirar de fuego
de los maduros campos.

Tu hermana es clara y débil
como los juncos lánguidos,
como los sauces tristes,
como los linos glaucos.

Tu hermana es un lucero
en el azul lejano...
Y es alba y aura fría
sobre los pobres álamos
que en las orillas tiemblan
del río humilde y manso.
Tu hermana es un lucero
en el azul lejano.
    De tu morena gracia,
de tu soñar gitano,
de tu mirar de sombra
quiero llenar mi vaso.
Me embriagaré una noche
de cielo negro y bajo,
para cantar contigo,
orilla al mar salado,
una canción que deje
cenizas en los labios...
De tu mirar de sombra
quiero llenar mi vaso.
    Para tu linda hermana
arrancaré los ramos
de florecillas nuevas
a los almendros blancos,
en un tranquilo y triste
alborear de marzo.
Los regaré con agua
de los arroyos claros,
los ataré con verdes
junquillos del remanso...
Para tu linda hermana
yo haré un ramito blanco.

XLII

La vida hoy tiene ritmo
de ondas que pasan,
de olitas temblorosas
que fluyen y se alcanzan.
La vida hoy tiene el ritmo de los ríos,
la risa de las aguas
que entre los verdes junquerales corren,
y entre las verdes cañas.
Sueño florido lleva el manso viento;
bulle la savia joven en las nuevas ramas;
tiemblan alas y frondas,
y la mirada sagital del águila
no encuentra presa... Treme el campo en sueños,
vibra el sol como un arpa.
¡Fugitiva ilusión de ojos guerreros,
que por las selvas pasas
a la hora del cenit: tiemble en mi pecho
el oro de tu aljaba!
En tus labios florece la alegría
de los campos en flor; tu veste alada
aroman las primeras velloritas,
las violetas perfuman tus sandalias.
Yo he seguido tus pasos en el viejo bosque,
arrebatados tras la corza rápida,
y los ágiles músculos rosados
de tus piernas silvestres entre verdes ramas.
¡Pasajera ilusión de ojos guerreros
que por las selvas pasas
cuando la tierra reverdece y ríen
los ríos en las cañas!
¡Tiemble en mi pecho el oro
que llevas en tu aljaba!

XLIII

Era una mañana y abril sonreía.
Frente al horizonte dorado moría
la luna, muy blanca y opaca; tras ella,
cual tenue ligera quimera, corría
la nube que apenas enturbia una estrella.
....

Como sonreía la rosa mañana,
al sol del Oriente abrí mi ventana;
y en mi triste alcoba penetró el Oriente
en canto de alondras, en risa de fuente
y en suave perfume de flora temprana.
Fue una clara tarde de melancolía.
Abril sonreía. Yo abrí las ventanas
de mi casa al viento... El viento traía
perfume de rosas, doblar de campanas...
Doblar de campanas lejanas, llorosas,
suave de rosas aromado aliento...
...¿Dónde están los huertos floridos de rosas?
¿Qué dicen las dulces campanas al viento?
....

Pregunté a la tarde de abril que moría:
¿Al fin la alegría se acerca a mi casa?
La tarde de abril sonrió: La alegría
pasó por tu puerta —y luego, sombría:
Pasó por tu puerta. Dos veces no pasa.

XLV

El sueño bajo el sol que aturde y ciega,
tórrido sueño en la hora de arrebol;
el río luminoso el aire surca;
esplende la montaña;
la tarde es polvo y sol.

El sibilante caracol del viento
ronco dormita en el remoto alcor;
emerge el sueño ingrave en la palmera,
luego se enciende en el naranjo en flor.

La estúpida cigüeña
su garabato escribe en el sopor
del molino parado; el toro abate
sobre la hierba la testuz feroz.

La verde, quieta espuma del ramaje
efunde sobre el blanco paredón,
lejano inerte, del jardín sombrío,
dormido bajo el cielo fanfarrón.

....

Lejos, enfrente de la tarde roja,
refulge el ventanal del torreón.

....

HUMORISMOS, FANTASÍAS, APUNTES

LOS GRANDES INVENTOS

XLVI

LA NORIA

La tarde caía
triste y polvorienta.
El agua cantaba
su copla plebeya
en los cangilones
de la noria lenta.
Soñaba la mula
¡pobre mula vieja!,
al compás de sombra
que en el agua suena.
La tarde caía
triste y polvorienta.
Yo no sé qué noble,
divino poeta,
unió a la amargura
de la eterna rueda
la dulce armonía
del agua que sueña,
y vendó tus ojos,
¡pobre mula vieja!...

Mas sé que fue un noble,
divino poeta,
corazón maduro
de sombra y de ciencia.

XLIX

ELEGÍA DE UN MADRIGAL

Recuerdo que una tarde de soledad y hastío,
¡oh tarde como tantas!, el alma mía era,
bajo el azul monótono, un ancho y terso río
que ni tenía un pobre juncal en su ribera.
¡Oh mundo sin encanto, sentimental inopia
que borra el misterioso azogue del cristal!
¡Oh el alma sin amores que el Universo copia
con un irremediable bostezo universal!

*

Quiso el poeta recordar a solas,
las ondas bien amadas, la luz de los cabellos
que él llamaba en sus rimas rubias olas.
Leyó... La letra mata: no se acordaba de ellos...
Y un día —como tantos—, al aspirar un día
aromas de una rosa que en el rosal se abría,
brotó como una llama la luz de los cabellos
que él en sus madrigales llamaba rubias olas,
brotó, porque un aroma igual tuvieron ellos...
Y se alejó en silencio para llorar a solas.

LII

FANTASÍA DE UNA NOCHE DE ABRIL

¿Sevilla?... ¿Granada?... La noche de luna.
Angosta la calle, revuelta y moruna,
de blancas paredes y oscuras ventanas.
Cerrados postigos, corridas persianas...
El cielo vestía su gasa de abril.
Un vino risueño me dijo el camino.
Yo escucho los áureos consejos del vino,
que el vino es a veces escala de ensueño.
Abril y la noche y el vino risueño
cantaron en coro su salmo de amor.
La calle copiaba, con sombra en el muro,
el paso fantasma y el sueño maduro
de apuesto embozado, galán caballero:
espada tendida, calado sombrero...
La luna vertía su blanco soñar.
Como un laberinto mi sueño torcía
de calle en calleja. Mi sombra seguía
de aquel laberinto la sierpe encantada,
en pos de una oculta plazuela cerrada.
La luna lloraba su dulce blancor.
La casa y la clara ventana florida,
de blancos jazmines y nardos prendida,
más blancos que el blanco soñar de la luna...
—Señora, la hora, tal vez importuna...
¿Que espere? (La dueña se lleva el candil).
Ya sé que seria quimera, señora,
mi sombra galante buscando a la aurora
en noches de estrellas y luna, si fuera
mentira la blanca nocturna quimera
que usurpa a la luna su trono de luz.
¡Oh dulce señora, más cándida y bella
que la solitaria matutina estrella

tan clara en el cielo! ¿Por qué silenciosa
oís mi nocturna querella amorosa?
¿Quién hizo, señora, cristal vuestra voz?...
La blanca quimera parece que sueña.
Acecha en la oscura estancia la dueña.
—Señora, si acaso otra sombra emboscada
teméis, en la sombra, fiad en mi espada...
Mi espada se ha visto a la luna brillar.

¿Acaso os parece mi gesto anacrónico?
El vuestro es, señora, sobrado lacónico.
¿Acaso os asombra mi sombra embozada,
de espada tendida y toca plumada?...
¿Seréis la cautiva del moro Gazul?

Dijéraislo, y pronto mi amor os diría
el son de mi guzla y la algarabía
más dulce que oyera ventana moruna.
Mi guzla os dijera la noche de luna,
la noche de cándida luna de abril.

Dijera la clara cantiga de plata
del patio moruno, y la serenata
que lleva el aroma de floridas preces
a los miradores y a los ajimeces,
los salmos de un blanco fantasma lunar.

Dijera las danzas de trenzas lascivas,
las muelles cadencias de ensueños, las vivas
centellas de lánguidos rostros velados,
los tibios perfumes, los huertos cerrados;
dijera el aroma letal del harén.

Yo guardo, señora, en viejo salterio
también una copla de blanco misterio,
la copla más suave, más dulce y más sabia
que evoca las claras estrellas de Arabia
y aromas de un moro jardín andaluz.

Silencio... En la noche la paz de la luna
alumbra la blanca ventana moruna.
Silencio... Es el musgo que brota, y la hiedra

que lenta desgarra la tapia de piedra...
El llanto que vierte la luna de abril.
    —Si sois una sombra de la primavera
blanca entre jazmines, o antigua quimera
soñada en las trovas de dulces cantores,
yo soy una sombra de viejos cantares
y el signo de un álgebra vieja de amores.
    Los gayos, lascivos decires mejores,
los árabes albos nocturnos soñares,
las coplas mundanas, los salmos talares,
poned en mis labios;
yo soy una sombra también del amor.
    Ya muerta la luna, mi sueño volvía
por la retorcida, moruna calleja.
El sol en Oriente reía
su risa más vieja.

LIV

LOS SUEÑOS MALOS

    Está la plaza sombría;
muere el día.
Suenan lejos las campanas.
    De balcones y ventanas
se iluminan las vidrieras,
con reflejos mortecinos,
como huesos blanquecinos
y borrosas calaveras.
    En toda la tarde brilla
una luz de pesadilla.
Está el sol en el ocaso.
Suena el eco de mi paso.
    ¿Eres tú? Ya te esperaba...
—No eras tú a quien yo buscaba.

LV

HASTÍO

Pasan las horas de hastío
por la estancia familiar,
el amplio cuarto sombrío
donde yo empecé a sonar.

Del reloj arrinconado,
que en la penumbra clarea,
el tictac acompasado,
odiosamente golpea.

Dice la monotonía
del agua clara al caer:
un día es como otro día;
hoy es lo mismo que ayer.

Cae la tarde. El viento agita
el parque mustio y dorado...
¡Qué largamente ha llorado
toda la fronda marchita!

LVI

Sonaba el reloj a la una,
dentro de mi cuarto. Era
triste la noche. La luna,
reluciente calavera,

ya del cenit declinando,
iba del ciprés del huerto
fríamente iluminando
el alto ramaje yerto.

Por la entreabierta ventana
llegaban a mis oídos
metálicos alaridos
de una música lejana.

Una música tristona,
una mazurca olvidada,
entre inocente y burlona,
mal tañida y mal soplada.
   Y yo sentí el estupor
del alma cuando bosteza
el corazón, la cabeza,
y... morirse es lo mejor.

LVII

CONSEJOS

I

Este amor que quiere ser
acaso pronto será;
pero ¿cuándo ha de volver
lo que acaba de pasar?
   Hoy dista mucho de ayer.
¡Ayer es Nunca jamás!

II

Moneda que está en la mano
quizá se deba guardar;
la monedita del alma
se pierde si no se da.

LVIII

GLOSA

Nuestras vidas son los ríos,
que van a dar a la mar,
que es el morir[1]. ¡Gran cantar!
   Entre los poetas míos
tiene Manrique un altar.
   Dulce goce de vivir:
mala ciencia del pasar,
ciego huir a la mar.
   Tras el pavor del morir
está el placer de llegar.
   ¡Gran placer!
Mas ¿y el horror de volver?
¡Gran pesar!

LIX

   Anoche cuando dormía
soñé, ¡bendita ilusión!,
que una fontana fluía
dentro de mi corazón.
Di, ¿por qué acequia escondida,
agua, vienes hasta mí,
manantial de nueva vida
de donde nunca bebí?
   Anoche cuando dormía
soñé, ¡bendita ilusión!,

---

[1] Los versos en cursiva pertenecen a Jorge Manrique, III estrofa de las «Coplas a la muerte de su padre». Pero J. Manrique dice *que van a dar en mar*, y no *a la mar*.

que una colmena tenía
dentro de mi corazón;
y las doradas abejas
iban fabricando en él,
con las amarguras viejas,
blanca cera y dulce miel.

Anoche cuando dormía
soñé, ¡bendita ilusión!,
que un ardiente sol lucía
dentro de mí corazón.
Era ardiente porque daba
calores de rojo hogar,
y era sol porque alumbraba
y porque hacía llorar.

Anoche cuando dormía
soñé, ¡bendita ilusión!,
que era Dios lo que tenía
dentro de mi corazón.

LX

¿Mi corazón se ha dormido?
Colmenares de mis sueños,
¿ya no labráis? ¿Está seca
la noria del pensamiento,
los cangilones vacíos,
girando, de sombra llenos?

No, mi corazón no duerme.
Está despierto, despierto.
Ni duerme ni sueña, mira,
los claros ojos abiertos,
señas lejanas y escucha
a orillas del gran silencio.

GALERÍAS

LXI

INTRODUCCIÓN

Leyendo un claro día
mis bien amados versos,
he visto en el profundo
espejo de mis sueños

que un a verdad divina
temblando está de miedo,
y es una flor que quiere
echar su aroma al viento.

El alma del poeta
se orienta hacia el misterio.
Solo el poeta puede
mirar lo que está lejos
dentro del alma, en turbio
y mago sol envuelto.

En esas galerías,
sin fondo, del recuerdo,
donde las pobres gentes
colgaron cual trofeo

el traje de una fiesta
apolillado y viejo,
allí el poeta sabe
el laborar eterno
mirar de las doradas
abejas de los sueños,

Poetas, con el alma
atenta al hondo cielo,
en la cruel batalla
o en el tranquilo huerto,
   la nueva miel labramos
con los dolores viejos,
la veste blanca y pura
pacientemente hacemos,
y bajo el sol bruñimos
el fuerte arnés de hierro.
   El alma que no sueña,
el enemigo espejo,
proyecta nuestra imagen
con un perfil grotesco.
   Sentimos una ola
de sangre, en nuestro pecho,
que pasa... y sonreímos
y a laborar volvemos.

LXII

Desgarrada la nube; el arco iris
brillando ya en el cielo,
y en un fanal de lluvia
y sol el campo envuelto.
Desperté. ¿Quién enturbia
los mágicos cristales de mi sueño?
Mi corazón latía
atónito y disperso.
   ... ¡El limonar florido,
el cipresal del huerto,
el prado verde, el sol, el agua, el iris!...
¡el agua en tus cabellos!...
Y todo en la memoria se perdía
como una pompa de jabón al viento.

LXIII

   Y era el demonio de mi sueño, el ángel
más hermoso. Brillaban
como aceros los ojos victoriosos,
y las sangrientas llamas
de su antorcha alumbraron
la honda cripta del alma.
   —¿Vendrás conmigo? —No, jamás; las tumbas
y los muertos me espantan.
Pero la férrea mano
mi diestra atenazaba.
   —Vendrás conmigo... Y avancé en mi sueño
cegado por la roja luminaria.
Y en la cripta sentí sonar cadenas,
y rebullir de fieras enjauladas.

LXIV

   Desde el umbral de un sueño me llamaron...
Era la buena voz, la voz querida.
   —Dime: ¿vendrás conmigo a ver el alma?...
Llegó a mi corazón una caricia.
   —Contigo siempre... Y avancé en mi sueño
por una larga, escueta galería,
sintiendo el roce de la veste pura
y el palpitar suave de la mano amiga.

LXVIII

Llamó a mi corazón, un claro día,
con un perfume de jazmín, el viento.
—A cambio de este aroma,
todo el aroma de tus rosas quiero.
—No tengo rosas; flores
en mi jardín no hay ya; todas han muerto.
Me llevaré los llantos de las fuentes,
las hojas amarillas y los mustios pétalos.
Y el viento huyó... Mi corazón sangraba...
Alma, ¿qué has hecho de tu pobre huerto?

LXIX

Hoy buscarás en vano
a tu dolor consuelo.
Lleváronse tus hadas
el lino de tus sueños.
Está la fuente muda,
y está marchito el huerto.
Hoy sólo quedan lágrimas
para llorar. No hay que llorar, ¡silencio!

LXXI

¡Tocados de otros días,
mustios encajes y marchitas sedas;
salterios arrumbados,
rincones de las salas polvorientas;

daguerrotipos turbios,
cartas que amarillean;
libracos no leídos
que guardan grises florecitas secas;
romanticismos muertos,
cursilerías viejas,
cosas de ayer que sois el alma, y cantos
y cuentos de la abuela!...

LXXIV

Tarde tranquila, casi
con placidez de alma,
para ser joven, para haberlo sido
cuando Dios quiso, para
tener algunas alegrías... lejos,
y poder dulcemente recordarlas.

LXXVI

¡Oh, tarde luminosa!
El aire está encantado.
La blanca cigüeña
dormita volando,
y las golondrinas se cruzan, tendidas
las alas agudas al viento dorado,
y en la tarde risueña se alejan
volando, soñando...
    Y hay una que torna como la saeta,
las alas agudas tendidas al aire sombrío,
buscando su negro rincón del tejado.

La blanca cigüeña,
como un garabato,
tranquila y disforme, ¡tan disparatada!,
sobre el campanario.

LXXVII

Es una tarde cenicienta y mustia,
destartalada, como el alma mía;
y es esta vieja angustia
que habita mi usual hipocondría.
La causa de esta angustia no consigo
ni vagamente comprender siquiera;
pero recuerdo y, recordando, digo:
—Sí, yo era niño, y tú, mi compañera.

*

Y no es verdad, dolor, yo te conozco,
tú eres nostalgia de la vida buena
y soledad de corazón sombrío,
de barco sin naufragio y sin estrella.
Como perro olvidado que no tiene
huella ni olfato y yerra
por los caminos, sin camino, como
el niño que en la noche de una fiesta
se pierde entre el gentío
y el aire polvoriento y las candelas
chispeantes, atónito, y asombra
su corazón de música y de pena,
así voy yo, borracho melancólico,
guitarrista lunático, poeta,
y pobre hombre en sueños,
siempre buscando a Dios entre la niebla.

LXXVIII

    ¿Y ha de morir contigo el mundo mago
donde guarda el recuerdo
los hálitos más puros de la vida,
la blanca sombra del amor primero,
    la voz que fue a tu corazón, la mano
que tú querías retener en sueños,
y todos los amores
que llegaron al alma, al hondo cielo?
    ¿Y ha de morir contigo el mundo tuyo,
la vieja vida en orden tuyo y nuevo?
¿Los yunques y crisoles de tu alma
trabajan para el polvo y para el viento?

LXXIX

    Desnuda está la tierra,
y el alma aúlla al horizonte pálido
como loba famélica. ¿Qué buscas,
poeta, en el ocaso?
    ¡Amargo caminar, porque el camino
pesa en el corazón! ¡El viento helado,
y la noche que llega, y la amargura
de la distancia!... En el camino blanco
    algunos yertos árboles negrean;
en los montes lejanos
hay oro y sangre... El sol murió... ¿Qué buscas,
poeta, en el ocaso?

LXXX

CAMPO

La tarde está muriendo
como un hogar humilde que se apaga.
Allá, sobre los montes,
quedan algunas brasas.
Y ese árbol roto en el camino blanco
hace llorar de lástima.
¡Dos ramas en el tronco herido, y una
hoja marchita y negra en cada rama!
¿Lloras?... Entre los álamos de oro,
lejos, la sombra del amor te aguarda.

LXXXIV

El rojo sol de un sueño en Oriente asoma.
Luz en sueños. ¿No tiemblas, andante peregrino?
Pasado el llano verde, en la florida loma,
acaso está el cercano final de tu camino.
Tú no verás del trigo la espiga sazonada
y de macizas pomas cargado el manzanar,
ni de la vid rugosa la uva aurirrosada
ha de exprimir su alegre licor en tu lagar.

LXXXV

La primavera besaba
suavemente la arboleda
y el verde nuevo brotaba
como una verde humareda.

Las nubes iban pasando
sobre el campo juvenil...
Yo vi en las hojas temblando
las frescas lluvias de abril.

Bajo ese almendro florido,
todo cargado de flor
—recordé—, yo he maldecido
mi juventud sin amor

Hoy, en mitad de la vida,
me he parado a meditar...
¡Juventud nunca vivida,
quién te volviera a soñar!

LXXXVI

Eran ayer mis dolores
como gusanos de seda
que iban labrando capullos;
hoy son mariposas negras.

¡De cuántas flores amargas
he sacado blanca cera!
¡Oh tiempo en que mis pesares
trabajaban como abejas!

Hoy son como avenas locas,
o cizaña en sementera,
como tizón en espiga,
como carcoma en madera.

¡Oh tiempo en que mis dolores
tenían lágrimas buenas,
y eran como agua de noria
que va regando una huerta!
Hoy son agua de torrente
que arranca el limo a la tierra.

Dolores que ayer hicieron
de mi corazón colmena,
hoy tratan mi corazón
como a una muralla vieja:
quieren derribarlo, y pronto,
al golpe de la piqueta.

LXXXVII

RENACIMIENTO

Galerías del alma... ¡El alma niña!
Su clara luz risueña;
y la pequeña historia,
y la alegría de la vida nueva...
¡Ah, volver a nacer, y andar camino,
ya recobrada la perdida senda!
Y volver a sentir en nuestra mano
aquel latido de la mano buena
de nuestra madre... Y caminar en sueños
por amor de la mano que nos lleva.

*

En nuestras almas todo
por misteriosa mano se gobierna.
Incomprensibles, mudas,
nada sabemos de las almas nuestras.
Las más hondas palabras
del sabio nos enseñan
lo que el silbar del viento cuando sopla
o el sonar de las aguas cuando ruedan.

LXXXVIII

Tal vez la mano, en sueños,
del sembrador de estrellas,
hizo sonar la música olvidada

como una nota de la lira inmensa,
y la ola humilde a nuestros labios vino
de uñas pocas palabras verdaderas.

LXXXIX

Y podrás conocerte recordando
del pasado soñar los turbios lienzos,
en este día triste en que caminas
con los ojos abiertos.

De toda la memoria, solo vale
el don preclaro de evocar los sueños.

XCI

Húmedo está, bajo el laurel, el banco
de verdinosa piedra;
lavó la lluvia, sobre el muro blanco,
las empolvadas hojas de la hiedra.

Del viento del otoño el tibio aliento
los céspedes undula, y la alameda
conversa con el viento...
¡el viento de la tarde en la arboleda!

Mientras el sol en el ocaso esplende
que los racimos de la vid orea,

y el buen burgués, en su balcón enciende
la estoica pipa en que el tabaco humea,
    voy recordando versos juveniles...
¿Qué fue de aquel mi corazón sonoro?
¿Será cierto que os vais, sombras gentiles,
huyendo entre los árboles de oro?

VARIA

XCII

«Tournez, tournez, chevaux de bois.»

VERLAINE

Pegasos, lindos pegasos,
caballitos de madera.

....

Yo conocí, siendo niño,
la alegría de dar vueltas
sobre un corcel colorado,
en una noche de fiesta.

En el aire polvoriento
chispeaban las candelas,
y la noche azul ardía
toda sembrada de estrellas.

¡Alegrías infantiles
que cuestan una moneda
de cobre, lindos pegasos,
caballitos de madera!

XCIV

En medio de la plaza y sobre tosca piedra,
el agua brota y brota. En el cercano huerto
eleva, tras el muro ceñido por la hiedra,

alto ciprés la mancha de su ramaje yerto.
    La tarde está cayendo frente a los caserones
de la ancha plaza, en sueños. Relucen las vidrieras
con ecos mortecinos de sol. En los balcones
hay formas que parecen confusas calaveras.
    La calma es infinita en la desierta plaza,
donde pasea el alma su traza de alma en pena.
El agua brota y brota en la marmórea taza.
En todo el aire en sombra no más que el agua suena.

XCV

COPLAS MUNDANAS

    Poeta ayer, hoy triste y pobre
filósofo trasnochado,
tengo en monedas de cobre
el oro de ayer cambiado.

    Sin placer y sin fortuna,
pasó como uña quimera
mi juventud, la primera...
la sola, no hay más que una:
la de dentro es la de fuera.

    Pasó como un torbellino,
bohemia y aborrascada,
harta de coplas y vino,
mi juventud bien amada.

    Y hoy miro a las galerías
del recuerdo, para hacer
aleluyas de elegías
desconsoladas de ayer.

    ¡Adiós, lágrimas cantoras,
lágrimas que alegremente
brotabais, como en la fuente
las limpias aguas sonoras!

¡Buenas lágrimas vertidas
por un amor juvenil,
cual frescas lluvias caídas
sobre los campos de abril!
   No canta ya el ruiseñor
de cierta noche serena;
sanamos del mal de amor
que sabe llorar sin pena.
   Poeta ayer, hoy triste y pobre
filósofo trasnochado,
tengo en monedas de cobre
el oro de ayer cambiado.

XCVI

SOL DE INVIERNO

   Es mediodía. Un parque.
Invierno. Blancas sendas;
simétricos montículos
y ramas esqueléticas.
   Bajo el invernadero,
naranjos en maceta,
y en su tonel, pintado
de verde, la palmera.
   Un viejecillo dice,
para su capa vieja:
«¡El sol, esta hermosura
de sol!..». Los niños juegan.
   El agua de la fuente
resbala, corre y sueña
lamiendo, casi muda,
la verdinosa piedra.

CAMPOS DE CASTILLA
(1907-1917)

XCVII

RETRATO [1]

Mi infancia son recuerdos de un patio de Sevilla,
y un huerto claro donde madura el limonero;
mi juventud, veinte años en tierra de Castilla;
mi historia, algunos casos que recordar no quiero.

Ni un seductor Mañara, ni un Bradomín [2] he sido
—ya conocéis mi torpe aliño indumentario—,
mas recibí la flecha que me asignó Cupido,
y amé cuanto ellas puedan tener de hospitalario.

Hay en mis venas gotas de sangre jacobina [3],
pero mi verso brota de manantial sereno;
y, más que un hombre al uso que sabe su doctrina,
soy, en el buen sentido de la palabra, bueno.

---

[1] El contenido de este poema se utiliza frecuentemente para explicar la vida, la estética y el talante de Machado.
[2] *Mañara:* Don Miguel de Mañara (1626-1679), caballero sevillano de vida licenciosa en su juventud. Arrepentido, fundó en Sevilla el Hospital de la Caridad. *Bradomín*: Marqués de Bradomín, «gran amador», personaje literario de las *Sonatas* de Valle-Inclán, quien lo describe como «un donjuán feo, católico y sentimental».
[3] *Sangre jacobina*: Hace referencia a su ascendencia familiar de acentuado espíritu revolucionario.

Adoro la hermosura, y en la moderna estética
corté las viejas rosas del huerto de Ronsard;
mas no amo los afeites de la actual cosmética,
ni soy un ave de esas del nuevo gay-trinar[4].
Desdeño las romanzas de los tenores huecos
y el coro de los grillos que cantan a la luna.
a distinguir me paro las voces de los ecos,
y escucho solamente, entre las voces, una.

¿Soy clásico o romántico? No sé. Dejar quisiera
mi verso, como deja el capitán su espada:
famosa por la mano viril que la blandiera,
no por el docto oficio del forjador preciada.

Converso con el hombre que siempre va conmigo
—quien habla solo espera hablar a Dios un día—;
mi soliloquio es plática con este buen amigo
que me enseñó el secreto de la filantropía.

Y al cabo, nada os debo; debéisme cuanto he escrito.
A mi trabajo acudo, con mi dinero pago
el traje que me cubre y la mansión que habito,
el pan que me alimenta y el lecho en donde yago.

Y cuando llegue el día del último viaje,
y esté al partir la nave que nunca ha de tornar,
me encontraréis a bordo ligero de equipaje,
casi desnudo, como los hijos de la mar[5].

---

[5] *Gay-trinar:* Alude a la escuela modernista, relacionándola con
el *gay-saber* de los poetas provenzales de la Edad Media.
[6] Estos cuatro últimos versos se han considerado premonitorios
de la forma cómo murió el poeta.

XCVIII

A ORILLAS DEL DUERO

Mediaba el mes de julio. Era un hermoso día.
Yo, solo, por las quiebras del pedregal subía,
buscando los recodos de sombra, lentamente.
A trechos me paraba para enjugar mi frente
y dar algún respiro al pecho jadeante;
o bien, ahincando el paso, el cuerpo hacia adelante
y hacia la mano diestra vencido y apoyado
en un bastón, a guisa de pastoril cayado,
trepaba por los cerros que habitan las rapaces
aves de altura, hollando las hierbas montaraces
de fuerte olor —romero, tomillo, salvia, espliego—.
Sobre los agrios campos caía un sol de fuego.
    Un buitre de anchas alas con majestuoso vuelo
cruzaba solitario el puro azul del cielo.
Yo divisaba, lejos, un monte alto y agudo,
y una redonda loma cual recamado escudo,
y cárdenos alcores sobre la parda tierra
—harapos esparcidos de un viejo arnés de guerra—,
las serrezuelas calvas por donde tuerce el Duero
para formar la corva ballesta de un arquero
en torno a Soria. —Soria es una barbacana,
hacia Aragón, que tiene la torre castellana—.
Veía el horizonte cerrado por colinas
oscuras, coronadas de robles y de encinas;
desnudos peñascales, algún humilde prado
donde el merino pace y el toro, arrodillado
sobre la hierba, rumia; las márgenes del río
lucir sus verdes álamos al claro sol de estío,
y, silenciosamente, lejanos pasajeros,
¡tan diminutos! —carros, jinetes y arrieros—,
cruzar el largo puente, y bajo las arcadas
de piedra ensombrecerse las aguas plateadas
del Duero.

   El Duero cruza el corazón de roble
de Iberia y de Castilla.
        ¡Oh, tierra triste y noble,
la de los altos llanos y yermos y roquedas,
de campos sin arados, regatos sin arboledas;
decrépitas ciudades, caminos sin mesones,
y atónitos palurdos sin danzas ni canciones
que aún van, abandonando el mortecino hogar,
como tus largos ríos, Castilla, hacia la mar!

 Castilla miserable, ayer dominadora,
envuelta en sus andrajos desprecia cuanto ignora.
¿Espera, duerme o sueña? ¿La sangre derramada
recuerda, cuando tuvo la fiebre de la espada?
Todo se mueve, fluye, discurre, corre o gira;
cambian la mar y el monte y el ojo que los mira.
¿Pasó? Sobre sus campos aún el fantasma yerra
de un pueblo que ponía a Dios sobre la guerra.

   La madre en otro tiempo fecunda en capitanes,
madrastra es hoy apenas de humildes ganapanes.
Castilla no es aquella tan generosa un día,
cuando Myo Cid Rodrigo el de Vivar volvía,
ufano de su nueva fortuna, y su opulencia,
a regalar a Alfonso los huertos de Valencia;
o que, tras la aventura que acreditó sus bríos,
pedía la conquista de los inmensos ríos
indianos a la corte, la madre de soldados,
guerreros y adalides que han de tornar, cargados
de plata y oro, a España, en regios galeones,
para la presa cuervos, para la lid leones.
Filósofos nutridos de sopa de convento
contemplan impasibles el amplio firmamento;
y si les llega en sueños, como un rumor distante,
clamor de mercaderes de muelles de Levante,
no acudirán siquiera a preguntar: ¿qué pasa?
Y ya la guerra[1] ha abierto las puertas de su casa.

---

[1] Se refiere a la guerra de Marruecos, aunque también se ha pensado (Valverde) que pueda ser una alusión al Desastre del 98.

Castilla miserable, ayer dominadora,
envuelta en sus harapos desprecia cuanto ignora.
El sol va declinando. De la ciudad lejana
me llega un armonioso tañido de campana
—ya irán a su rosario las enlutadas viejas—.
De entre las peñas salen dos lindas comadrejas;
me miran y se alejan, huyendo, y aparecen
de nuevo, ¡tan curiosas!... Los campos se oscurecen.
Hacia el camino blanco está el mesón abierto
al campo ensombrecido y al pedregal desierto.

XCIX

POR TIERRAS DE ESPAÑA

El hombre de estos campos que incendia los pinares
y su despojo aguarda como botín de guerra,
antaño hubo raído los negros encinares,
talado los robustos robledos de la sierra.
Hoy ve a sus pobres hijos huyendo de sus lares;
la tempestad llevarse los limos de la tierra
por los sagrados ríos hacia los anchos mares;
y en páramos malditos trabaja, sufre y yerra.
Es hijo de una estirpe de rudos caminantes,
pastores que conducen sus hordas de merinos
a Extremadura fértil, rebaños trashumantes
que mancha el polvo y dora el sol de los caminos.
Pequeño, ágil, sufrido, los ojos de hombre astuto,
hundidos, recelosos, movibles; y trazadas
cual arco de ballesta, en el semblante enjuto
de pómulos salientes, las cejas muy pobladas.
Abunda el hombre malo del campo y de la aldea,
capaz de insanos vicios y crímenes bestiales,
que bajo el pardo sayo esconde un alma fea,
esclava de los siete pecados capitales.

Los ojos siempre turbios de envidia o de tristeza,
guarda su presa y llora la que el vecino alcanza;
ni para su infortunio ni goza su riqueza;
le hieren y acongojan fortuna malandanza.
El numen de estos campos es sanguinario y fiero:
al declinar la tarde, sobre el remoto alcor,
veréis agigantarse la forma de un arquero,
la forma de un inmenso centauro flechador.
Veréis llanuras bélicas y páramos de asceta
—no fue por estos campos el bíblico jardín—:
son tierras para el águila, un trozo de planeta
por donde cruza errante la sombra de Caín.

C

EL HOSPICIO

Es el hospicio, el viejo hospicio provinciano,
el caserón ruinoso de ennegrecidas tejas
en donde los vencejos anidan en verano
y graznan en las noches de invierno las cornejas.
Con su frontón al Norte, entre los dos torreones
de antigua fortaleza, el sórdido edificio
de grietados muros y sucios paredones,
es un rincón de sombra eterna. ¡El viejo hospicio!
Mientras el sol de enero su débil luz envía,
su triste luz velada sobre los campos yermos,
a un ventanuco asoman, al declinar el día,
algunos rostros pálidos, atónitos y enfermos,
a contemplarlos montes azules de la sierra;
o, de los cielos blancos, como sobre una fosa,
caer la blanca nieve sobre la fría tierra,
¡sobre la tierra fría la nieve silenciosa!...

CI

EL DIOS IBERO

Igual que el ballestero
tahúr de la cantiga[1],
tuviera una saeta el hombre ibero
para el Señor que apedreó la espiga
y malogró los frutos otoñales,
y un «gloria a ti» para el Señor que grana
centenos y trigales
que el pan bendito le darán mañana.

«Señor de la ruina,
adoro porque aguardo y porque temo:
con mi oración se inclina
hacia la tierra un corazón blasfemo.

»¡Señor, por quien arranco el pan con pena,
sé tu poder, conozco mi cadena!
¡Oh dueño de la nube del estío
que la campiña arrasa,
del seco otoño, del helar tardío,
y del bochorno que la mies abrasa!

»¡Señor del iris, sobre el campo verde
donde la oveja pace,
Señor del fruto que el gusano muerde
y de la choza que el turbión deshace,

»tu soplo el fuego del hogar aviva,
tu lumbre da sazón al rubio grano,
y cuaja el hueso de la verde oliva,
la noche de San Juan, tu santa mano!

---

[1] «La Cantiga 154 de Alfonso X el Sabio cuenta cómo un tahúr, furioso por haber perdido en el juego, lanzó contra el cielo una saeta que volvió a caer, tinta en sangre, sobre el tablero». (V. Tusón).

»¡Oh dueño de fortuna y de pobreza,
ventura y malandanza,
que al rico das favores y pereza
y al pobre su fatiga y su esperanza!

»¡Señor, Señor: en la voltaria rueda
del año he visto mi simiente echada,
corriendo igual albur que la moneda
del jugador en el azar sembrada!

»¡Señor, hoy paternal, ayer cruento,
con doble faz de amor y de venganza,
a Ti, en un dado de tahúr al viento
va mi oración, blasfemia y alabanza!»

Este que insulta a Dios en los altares,
no más atento al ceño del destino,
también soñó caminos en los mares
y dijo: es Dios sobre la mar camino.

¿No es él quien puso a Dios sobre la guerra,
más allá de la suerte,
más allá de la tierra,
más allá de la mar y de la muerte?

¿No dio la encina ibera
para el fuego de Dios la buena rama,
que fue en la santa hoguera
de amor una con Dios en pura llama?

Mas hoy... ¡Qué importa un día!
Para los nuevos lares
estepas hay en la floresta umbría,
leña verde en los viejos encinares.

Aún larga patria espera
abrir al corvo arado sus besanas;
para el grano de Dios hay sementera
bajo cardos y abrojos y bardanas.

¡Qué importa un día! Está el ayer alerto
al mañana, mañana al infinito,
hombre de España; ni el pasado ha muerto,
ni está el mañana —ni el ayer— escrito.

¿Quién ha visto la faz al Dios hispano?
Mi corazón aguarda
al hombre ibero de la recia mano,
que tallará en el roble castellano
el Dios adusto de la tierra parda.

CII

ORILLAS DEL DUERO

¡Primavera soriana, primavera
humilde, como el sueño de un bendito,
de un pobre caminante que durmiera
de cansancio en un páramo infinito!

¡Campillo amarillento,
como tosco sayal de campesina,
pradera de velludo polvoriento
donde pace la escuálida merina!

¡Aquellos diminutos pegujales
de tierra dura y fría,
donde apuntan centenos y trigales
que el pan moreno nos darán un día!

Y otra vez roca y roca, pedregales
desnudos y pelados serrijones,
la tierra de las águilas caudales,
malezas y jarales,
hierbas monteses, zarzas y cambrones.

¡Oh tierra ingrata y fuerte, tierra mía!
¡Castilla, tus decrépitas ciudades!
¡La agria melancolía
que prueba tus sombrías soledades!
¡Castilla varonil, adusta tierra,

113

¡Castilla del desdén contra la suerte,
Castilla del dolor y de la guerra,
tierra inmortal, Castilla de la muerte!

Era una tarde, cuando el campo huía
del sol, y en el asombro del planeta,
como un globo morado aparecía
la hermosa luna, amada del poeta.

En el cárdeno cielo violeta
alguna clara estrella fulguraba.
El aire ensombrecido
oreaba mis sienes, y acercaba
el murmullo del agua hasta mi oído.

Entre cerros de plomo y de ceniza
manchados de roídos encinares,
y entre calvas roquedas de caliza,
iba a embestir los ocho tajamares
del puente el padre río,
que surca de Castilla el yermo frío.

¡Oh Duero, tu agua corre
y correrá mientras las nieves blancas
de enero el sol de mayo
haga fluir por hoces y barrancas,
mientras tengan las sierras su turbante
de nieve y de tormenta,
y brille el olifante
del sol, tras de la nube cenicienta!...

¿Y el viejo romancero
fue el sueño de un juglar junto a tu orilla?
¿Acaso como tú y por siempre, Duero,
irá corriendo hacia la mar Castilla?

CIII

LAS ENCINAS

A los señores de Masriera, en recuerdo
de una expedición al Pardo.

¡Encinares castellanos
en laderas y altozanos,
serrijones y colinas
llenos de oscura maleza,
encinas, pardas encinas;
humildad y fortaleza!
   Mientras que llenándoos va
el hacha de calvijares,
¿nadie cantaros sabrá,
encinares?
   El roble es la guerra, el roble
dice el valor y el coraje,
rabia inmoble
en su torcido ramaje;
y es más rudo
que la encina, más nervudo
más altivo y más señor.
   El alto roble parece
que recalca y ennudece
su robustez como atleta
que, erguido, afinca en el suelo.
   El pino es el mar y el cielo
y la montaña: el planeta.
La palmera es el desierto,
y el sol y la lejanía:
la sed: una fuente fría
soñada en el campo yerto.
   Las hayas son la leyenda.
Alguien, en las viejas hayas,

leía una historia horrenda
de crímenes y batallas.

¿Quién ha visto sin temblar
un hayedo en un pinar?
Los chopos son la ribera,
liras de la primavera,
cerca del agua que fluye,
pasa y huye,
viva o lenta,
que se emboca turbulenta
o en remanso se dilata.
En su eterno escalofrío
copian del agua del río
las vivas ondas de plata.

De los parques las olmedas
son las buenas arboledas
que nos han visto jugar,
cuando eran nuestros cabellos
rubios y, con nieve en ellos,
nos han de ver meditar.

Tiene el manzano el olor
de su poma,
el eucalipto el aroma
de sus hojas, de su flor
el naranjo la fragancia:
y es del huerto
a elegancia
el ciprés oscuro y yerto.

¿Qué tienes tú, negra encina
campesina,
con tus ramas sin color
en el campo sin verdor;
con tu tronco ceniciento
sin esbeltez ni altiveza,
con tu vigor sin tormento,
y tu humildad que es firmeza?

En tu copa ancha y redonda
nada brilla,

ni tu verdioscura fronda
ni tu flor verdiamarilla.
Nada es lindo ni arrogante
en tu porte, ni guerrero,
nada fiero
que aderece su talante.
Brotas derecha o torcida
con esa humildad que cede
solo a la ley de la vida,
que es vivir como se puede.
El campo mismo se hizo
árbol en ti, parda encina.
Ya bajo el sol que calcina,
ya contra el hielo invernizo,
el bochorno y la borrasca,
el agosto y el enero,
los copos de la nevasca,
los hilos del aguacero
siempre firme, siempre igual,
impasible, casta y buena,
¡oh tú, robusta y serena,
eterna encina rural
de los negros encinares
de la raya aragonesa
y las crestas militares
de la tierra pamplonesa;
encinas de Extremadura,
de Castilla, que hizo a España,
encinas de la llanura,
del cerro y de la montaña;
encinas del alto llano
que el joven Duero rodea,
y del Tajo que serpea
por el suelo toledano;
encinas de junto al mar
—en Santander—, encinar
que pones tu nota arisca,

como un castellano ceño,
en Córdoba la morisca,
y tú, encinar madrileño,
bajo Guadarrama frío,
tan hermoso, tan sombrío,
con tu adustez castellana
corrigiendo,
la vanidad y el atuendo
y la hetiquez cortesana!...
Ya sé, encinas
campesinas,
que os pintaron, con lebreles
elegantes y corceles,
los más egregios pinceles,
y os cantaron los poetas
augustales,
que os asordan escopetas
de cazadores reales;
mas sois el campo y el lar
y la sombra tutelar
de los buenos aldeanos
que visten parda estameña,
y que cortan vuestra leña
con sus manos.

CIV

¿Eres tú, Guadarrama, viejo amigo,
la sierra gris y blanca,
la sierra de mis tardes madrileñas
que yo veía en el azul pintada?
Por tus barrancos hondos
y por tus cumbres agrias,
mil Guadarramas y mil soles vienen,
cabalgando conmigo, a tus entrañas.

Camino de Balsaín, 1911.

CVI

UN LOCO

Es una tarde mustia y desabrida
de un otoño sin frutos, en la tierra
estéril y raída
donde la sombra de un centauro yerra.

Por un camino en la árida llanura,
entre álamos marchitos,
a solas con su sombra y su locura
va el loco, hablando a gritos.

Lejos se ven sombríos estepares,
colinas con malezas y cambrones,
y ruinas de viejos encinares,
coronando los agrios serrijones.

El loco vocifera
a solas con su sombra y su quimera.
Es horrible y grotesca su figura:
flaco, sucio, maltrecho y mal rapado,
ojos de calentura
iluminan su rostro demacrado.

Huye de la ciudad... Pobres maldades,
misérrimas virtudes y quehaceres
de chulos aburridos, y ruindades
de ociosos mercaderes.

Por los campos de Dios el loco avanza.
Tras la tierra esquelética y sequiza
—rojo de herrumbre y pardo de ceniza—
hay un sueño de lirio en lontananza.

Huye de la ciudad. ¡El tedio urbano!
—¡carne triste y espíritu villano!—.

No fue por una trágica amargura
esta alma errante desgajada y rota;
purga un pecado ajeno: la cordura,
la terrible cordura del idiota.

CVII

FANTASÍA ICONOGRÁFICA

La calva prematura
brilla sobre la frente amplia y severa;
bajo la piel de pálida tersura
se trasluce la fina calavera.

Mentón agudo y pómulos marcados
por trazos de un punzón adamantino;
y de insólita púrpura manchados
los labios que soñara un florentino.

Mientras la boca sonreír parece,
los ojos perspicaces,
que un ceño pensativo empequeñece,
miran y ven, profundos y tenaces.

Tiene sobre la mesa un libro viejo
donde posa la mano distraída.
Al fondo de la cuadra, en el espejo,
una tarde dorada está dormida.

Montañas de violeta
y grisientos breñales,
la tierra que ama el santo y el poeta,
los buitres y las águilas caudales.

Del abierto balcón al blanco muro
va una franja de sol anaranjada
que inflama el aire, en el ambiente oscuro
que envuelve la armadura arrinconada.

CVIII

UN CRIMINAL

El acusado es pálido y lampiño.
Arde en sus ojos una fosca lumbre,
que repugna a su máscara de niño
y ademán de piadosa mansedumbre.

Conserva del oscuro seminario
el talante modesto y la costumbre
de mirar a la tierra o al breviario.

Devoto de María,
madre de pecadores,
por Burgos bachiller en teología,
presto a tomar las órdenes menores.

Fue su crimen atroz. Hartose un día
de los textos profanos y divinos,
sintió pesar del tiempo que perdía
enderezando hipérbatons latinos.

Enamoróse de una hermosa niña,
subiósele el amor a la cabeza
como el zumo dorado de la viña,
y despertó su natural fiereza.

En sueños vio a sus padres —labradores
de mediano caudal— iluminados
del hogar por los rojos resplandores,
los campesinos rostros atezados.

Quiso heredar. ¡Oh guindos y nogales
del huerto familiar, verde y sombrío,
y doradas espigas candeales
que colmarán las trojes del estío!

Y se acordó del hacha que pendía
en el muro luciente y afilada,
el hacha fuerte que la leña hacía
de la rama de roble cercenada.

....

Frente al reo, los jueces con sus viejos
ropones enlutados;
y una hilera de oscuros entrecejos
y de plebeyos rostros: los jurados.
El abogado defensor perora,
golpeando el pupitre con la mano;
emborrona papel un escribano,
mientras oye el fiscal, indiferente,
y alegato enfático y sonoro,
y repasa los autos judiciales
o, entre sus dedos, de las gafas de oro
acaricia los límpidos cristales.
Dice un ujier: «Va sin remedio al palo».
El joven cuervo la clemencia espera.
Un pueblo, carne de horca, la severa
justicia aguarda que castiga al malo.

CIX

AMANECER DE OTOÑO

A Julio Romero de Torres.

Una larga carretera
entre grises peñascales,
y alguna humilde pradera
donde pacen negros toros. Zarzas, malezas, jarales.
Está la tierra mojada
por las gotas del rocío,
y la alameda dorada,
hacia la curva del río.

Tras los montes de violeta
quebrado el primer albor;
a la espalda a escopeta,
entre sus galgos agudos, caminando un cazador.

CXII

PASCUA DE RESURRECCIÓN

Mirada: el arco de la vida traza
el iris sobre el campo que verdea.
Buscad vuestros amores, doncellitas,
donde brota la fuente de la piedra.
En donde el agua ríe y sueña y pasa,
allí el romance del amor se cuenta.
¿No han de mirar un día, en vuestros brazos,
atónitos, el sol de primavera,
ojos que vienen a la luz cerrados,
y que al partirse de la vida ciegan?
¿No beberán un día en vuestros senos
los que mañana labrarán la tierra?
¡Oh, celebrad este domingo claro,
madrecitas en flor, vuestras entrañas nuevas!
Gozad esta sonrisa de vuestra ruda madre.
Ya sus hermosos nidos habitan las cigüeñas,
y escriben en las torres sus blancos garabatos.
Como esmeraldas lucen los musgos de las peñas.
Entre los robles muerden
los negros toros la menuda hierba,
y el pastor que apacienta los merinos
su pardo sayo en la montaña deja.

CXIII

CAMPOS DE SORIA

I

Es la tierra de Soria árida y fría.
Por las colinas y las sierras calvas,
verdes pradillos, cerros cenicientos,
la primavera pasa
dejando entre las hierbas olorosas
sus diminutas margaritas blancas.
La tierra no revive, el campo sueña.
Al empezar abril está nevada
la espalda del Moncayo;
el caminante lleva en su bufanda
envueltos cuello y boca, y los pastores
pasan cubiertos con sus luengas capas.

II

Las tierras labrantías,
como retazos de estameñas pardas,
el huertecillo, el abejar, los trozos
de verde oscuro en que el merino pasta,
entre plomizos peñascales, siembran
el sueño alegre de infantil Arcadia.
En los chopos lejanos del camino,
parecen humear las yertas ramas
como un glauco vapor —las nuevas hojas—
y en las quiebras de valles y barrancas
blanquean los zarzales florecidos,
y brotan las violetas perfumadas.

III

Es el campo undulado, y los caminos
ya ocultan los viajeros que cabalgan
en pardos borriquillos,
ya al fondo de la tarde arrebolada
elevan las plebeyas figurillas,
que el lienzo de oro del ocaso manchan.
Mas si trepáis a un cerro y veis el campo
desde los picos donde habita el águila,
son tornasoles de carmín y acero,
llanos plomizos, lomas plateadas,
circuidos por montes de violeta,
con las cumbres de nieve sonrosada.

IV

¡Las figuras del campo sobre el cielo!
Dos lentos bueyes aran
en un alcor, cuando el otoño empieza,
y entre las negras testas dobladas
bajo el pesado yugo,
pende un cesto de juntos y retama,
que es la cuna de un niño;
y tras la yunta marcha
un hombre que se inclina hacia la tierra,
y una mujer que en las abiertas zanjas
arroja la semilla.
Bajo una nube de carmín y llama,
en el oro fluido y verdinoso
del poniente, las sombras se agigantan.

V

La nieve. En el mesón al campo abierto
se ve el hogar donde la leña humea
y la olla al hervir borbollonea.

El cierzo corre por el campo yerto,
alborotando en blancos torbellinos
la nieve silenciosa.
La nieve sobre el campo y los caminos,
cayendo está como sobre una fosa.
Un viejo acurrucado tiembla y tose
cerca del fuego; su mechón de lana
la vieja hila, y una niña cose
verde ribete a su estameña grana.
Padres los viejos son de un arriero
que caminó sobre la blanca tierra,
y una noche perdió ruta y sendero,
y se enterró en las nieves de la sierra.
En torno al fuego hay un lugar vacío
y en la frente del viejo, de hosco ceño,
como un tachón sombrío
—tal el golpe de un hacha sobre un leño—.
La vieja mira al campo, cual si oyera
pasos sobre la nieve. Nadie pasa.
Desierta la vecina carretera,
desierto el campo en torno de la casa.
La niña piensa que en los verdes prados
ha de correr con otras doncellitas
en los días azules y dorados
cuando crecen las blancas margaritas.

VI

¡Soria fría, *Soria pura*,
cabeza de Extremadura,
con su castillo guerrero [1]
arruinado, sobre el Duero;

---

[1] «Lo escrito en cursiva figura como lema en el escudo de Soria».
(J. L. Cano).

con sus murallas roídas
y sus casas denegridas!
   ¡Muerta ciudad de señores
soldados o cazadores;
de portales con escudos
de cien linajes hidalgos,
y de famélicos galgos,
de galgos flacos y agudos,
que pululan
por las sórdidas callejas,
y a la medianoche ululan,
cuando graznan las cornejas!
   Soria fría! La campana
de la Audiencia da la una.
Soria, ciudad castellana
¡tan bella! bajo la luna.

VII

   ¡Colinas plateadas,
grises alcores, cárdenas roquedas
por donde traza el Duero
su curva de ballesta
en torno a Soria, oscuros encinares,
ariscos pedregales, calvas sierras,
caminos blancos y álamos del río,
tardes de Soria, mística y guerrera
hoy siento por vosotros, en el fondo
del corazón, tristeza
tristeza que es amor! ¡Campos de Soria
donde parece que las rocas sueñan,
conmigo vais! ¡Colinas plateadas,
grises alcores, cárdenas roquedas!...

VIII

He vuelto a ver los álamos dorados,
álamos del camino en la ribera
del Duero, entre San Polo y San Saturio [1],
tras las murallas viejas
de Soria —barbacana
hacia Aragón, en castellana tierra—.
    Estos chopos del río, que acompañan
con el sonido de sus hojas secas
el son del agua, cuando el viento sopla,
tienen en sus cortezas
grabadas iniciales que son nombres
de enamorados, cifras que son fechas.
¡Álamos del amor que ayer tuvisteis
de ruiseñores vuestras ramas llenas;
álamos que seréis mañana liras
del viento perfumado en primavera;
álamos del amor cerca del agua
que corre y pasa y sueña,
álamos de las márgenes del Duero,
conmigo vais, mi corazón os lleva!

IX

    ¡Oh, sí! Conmigo vais, campos de Soria,
tardes tranquilas, montes de violeta,
alamedas del río, verde sueño
del suelo gris y de la parda tierra,
agria melancolía
de la ciudad decrépita.
Me habéis llegado al alma,
¿o acaso estabais en el fondo de ella?

---

[1] Dos ermitas a orillas del Duero, en las proximidades de Soria.

¡gentes del alto llano numantino [2]
que a Dios guardáis como cristianas viejas,
que el sol de España os llene
de alegría, de luz y de riqueza!

CXIV

LA TIERRA DE ALVARGONZÁLEZ [1]

Al poeta Juan Ramón Jiménez.

I

Siendo mozo Alvargonzález,
dueño de mediana hacienda,
que en otras tierras se dice
bienestar y aquí opulencia,
en la feria de Berlanga
prendóse de una doncella,
y la tomó por mujer
al año de conocerla.
Muy ricas las bodas fueron,
y quien las vio las recuerda;
sonadas las tornabodas
que hizo Alvar en su aldea;
hubo gaitas, tamboriles,
flauta, bandurria y vihuela,
fuegos a la valenciana
y danza a la aragonesa.

---

[2] Referencia a las ruinas de Numancia, situadas en un cerro próximo a Soria.

[1] Sobre este extenso poema dice Machado: «Me pareció el romance la suprema expresión de la poesía y quise escribir un nuevo Romancero. A este propósito responde la tierra de Alvargonzález».

II

Feliz vivió Alvargonzález
en el amor de su tierra.
Naciéronle tres varones,
que en el campo son riqueza,
y, ya crecidos, los puso,
uno a cultivar la huerta,
otro a cuidar los merinos,
y dio el menor a la Iglesia.

III

Mucha sangre de Caín
tiene la gente labriega,
y en el hogar campesino
armó la envidia pelea.
Casáronse los mayores;
tuvo Alvargonzález nueras,
que le trajeron cizaña,
antes que nietos le dieran.
La codicia de los campos
ve tras la muerte la herencia;
no goza de lo que tiene
por ansia de lo que espera.
El menor, que a los latines
prefería las doncellas
hermosas y no gustaba
de vestir por la cabeza,
colgó la sotana un día
y partió a lejanas tierras.
La madre lloró, y el padre
diole bendición y herencia.

IV

Alvargonzález ya tiene
la adusta frente arrugada,
por la barba le platea
la sombra azul de la cara.
    Una mañana de otoño
salió solo de su casa;
no llevaba sus lebreles,
agudos canes de caza;
    iba triste y pensativo
por la alameda dorada;
anduvo largo camino
y llegó a una fuente clara.
    Echóse en la tierra; puso
sobre una piedra la manta,
y a la vera de la fuente
durmió al arrullo del agua.

EL SUEÑO

I

Y Alvargonzález veía,
como Jacob, una escala
que iba de la tierra al cielo,
y oyó una voz que le hablaba.
Mas las hadas hilanderas,
entre las vedijas blancas
y vellones de oro, han puesto
un mechón de negra lana.

II

Tres niños están jugando
a la puerta de su casa;
entre los mayores brinca
un cuervo de negras alas.
La mujer vigila, cose
y, a ratos, sonríe y canta.
—Hijos, ¿qué hacéis? —les pregunta.
Ellos se miran y callan.
—Subid al monte, hijos míos,
y antes que la noche caiga,
con un brazado de estepas
hacedme una buena llama.

III

Sobre el lar de Alvargonzález
está la leña apilada;
el mayor quiere encenderla,
pero no brota la llama.
—Padre, la hoguera no prende,
está la estopa mojada.
Su hermano viene a ayudarle
y arroja astillas y ramas
sobre los troncos de roble;
pero el rescoldo se apaga.
Acude el menor, y enciende,
bajo la negra campana
de la cocina, una hoguera
que alumbra toda la casa.

IV

Alvargonzález levanta
en brazos al más pequeño
y en sus rodillas lo sienta.

—Tus manos hacen el fuego;
aunque el último naciste
tú eres en mi amor primero.
    Los dos mayores se alejan
por los rincones del sueño.
Entre los dos fugitivos
reluce un hacha de hierro.

AQUELLA TARDE...

I

Sobre los campos desnudos,
la luna llena manchada
de un arrebol purpurino,
enorme globo, asomada.
Los hijos de Alvargonzález
silenciosos caminaban,
y han visto al padre dormido
junto de la fuente clara.

II

    Tiene el padre entre las cejas
un ceño que le aborrasca
el rostro, un tachón sombrío
como la huella de un hacha.
Soñando está con sus hijos,
que sus hijos lo apuñalan;
y cuando despierta mira
que es cierto lo que soñaba.

III

    A la vera de la fuente
quedó Alvargonzález muerto.
Tiene cuatro puñaladas

entre el costado y el pecho,
por donde la sangre brota,
más un hachazo en el cuello.
Cuenta la hazaña del campo
el agua clara corriendo,
mientras los dos asesinos
huyen hacia los hayedos.
Hasta la Laguna Negra,
bajo las fuentes del Duero,
llevan el muerto, dejando
detrás un rastro sangriento;
y en la laguna sin fondo,
que guarda bien los secretos,
con una piedra amarrada
a los pies, tumba le dieron.

IV

Se encontró junto a la fuente
la manta de Alvargonzález,
y, camino del hayedo,
se vio un reguero de sangre.
Nadie de la aldea ha osado
a la laguna acercarse,
y el sondarla inútil fuera,
que es la laguna insondable.
Un buhonero, que cruzaba
aquellas tierras errante,
fue en Dauria acusado, preso
y muerto en garrote infame.

V

Pasados algunos meses,
la madre murió de pena.
Los que muerta la encontraron

dicen que las manos yertas
sobre su rostro tenía,
oculto el rostro con ellas.

VI

Los hijos de Alvargonzález
ya tienen majada y huerta,
campos de trigo y centeno
y prados de fina hierba;
en el olmo viejo, hendido
por el rayo, la colmena,
dos yuntas para el arado,
un mastín y mil ovejas.

OTROS DÍAS

I

Ya están las zarzas floridas
y los ciruelos blanquean;
ya las abejas doradas
liban para sus colmenas,
y en los nidos, que coronan
las torres de las iglesias,
asoman los garabatos
ganchudos de las cigüeñas.
Ya los olmos del camino
y chopos de las riberas
de los arroyos, que buscan
al padre Duero, verdean.
El cielo está azul, los montes
sin nieve son de violeta.
La tierra de Alvargonzález
se colmará de riqueza;
muerto está quien la ha labrado,
mas no le cubre la tierra.

II

La hermosa tierra de España
adusta, fina y guerrera
Castilla, de largos ríos,
tiene un puñado de sierras
entre Soria y Burgos como
reductos de fortaleza,
como yelmos crestonados,
y Urbión es una cimera.

III

Los hijos de Alvargonzález,
por una empinada senda,
para tomar el camino
de Salduero a Covaleda,
cabalgan en pardas mulas,
bajo el pinar de Vinuesa.
Van en busca de ganado
con que volver a su aldea,
y por tierra de pinares
larga jornada comienzan.
Van Duero arriba, dejando
atrás los arcos de piedra
del puente y el caserío
de la ociosa y opulenta
villa de indianos. El río,
al fondo del valle, suena,
y de las cabalgaduras
los cascos baten las piedras.
A la otra orilla del Duero
canta una voz lastimera:
«La tierra de Alvargonzález
se colmará de riqueza,
y el que la tierra ha labrado
no duerme bajo la tierra.»

IV

Llegados son a un paraje
en donde el pinar se espesa,
y el mayor, que abre la marcha,
su parda mula espolea,
diciendo: —Démonos prisa;
porque son más de dos leguas
de pinar y hay que apurarlas
antes que la noche venga.
Dos hijos del campo, hechos
a quebradas y asperezas,
porque recuerdan un día
la tarde en el monte tiemblan.
Allá en lo espeso del bosque
otra vez la copla suena:
«La tierra de Alvargonzález
se colmará de riqueza
y el que la tierra ha labrado
no duerme bajo la tierra.»

V

Desde Salduero el camino
va al hilo de la ribera:
a ambas márgenes del río
el pinar crece y se eleva,
y las rocas se aborrascan,
al par que el valle se estrecha.
Los fuertes pinos del bosque
con sus copas gigantescas
y sus desnudas raíces
amarradas a las piedras;
los de troncos plateados
cuyas frondas azulean,
pinos jóvenes; los viejos,
cubiertos de blanca lepra,

musgos y líquenes canos
que el grueso tronco rodean,
colman el valle y se pierden
rebasando ambas laderas.
Juan, el mayor, dice: —Hermano,
si Blas Antonio apacienta
cerca de Urbión su vacada,
largo camino nos queda.
—Cuanto hacia Urbión alarguemos
se puede acortar de vuelta,
tomando por el atajo,
hacia la Laguna Negra
y bajando por el puerto
de Santa Inés a Vinuesa.
—Mala tierra y peor camino.
Te juro que no quisiera
verlos otra vez. Cerremos
los tratos en Covaleda;
hagamos noche y, al alba,
volvamos a la aldea
por este valle, que, a veces,
quien piensa atajar rodea.

Cerca del río cabalgan
los hermanos, y contemplan
cómo el bosque centenario,
al par que avanzan, aumenta,
y la roqueda del monte
el horizonte les cierra.
El agua, que va saltando
parece que canta o cuenta:
« La tierra de Alvargonzález
se colmará de riqueza,
y el que la tierra ha labrado
no duerme bajo la tierra.»

CASTIGO

I

Aunque la codicia tiene
redil que encierre la oveja,
trojes que guarden el trigo,
bolsas para la moneda,
y garras, no tiene manos
que sepan labrar la tierra.
Así, a un año de abundancia
siguió un año de pobreza.

II

En los sembrados crecieron
las amapolas sangrientas;
pudrió el tizón las espigas
de trigales y de avenas;
hielos tardíos mataron
en flor la fruta en la huerta,
una mala hechicería
izo enfermar las ovejas.
A los dos Alvargonzález
maldijo Dios en sus tierras,
y al año pobre siguieron
largos años de miseria.

III

Es una noche de invierno.
Cae la nieve en remolinos.
Los Alvargonzález velan

139

un fuego casi extinguido,
El pensamiento amarrado
tienen a un recuerdo mismo,
y en las ascuas mortecinas
del hogar los ojos fijos.
No tienen leña ni sueño.
Larga es la noche y el frío
arrecia. Un candil humea
en el muro ennegrecido.
El aire agita la llama,
que pone un fulgor rojizo
sobre las dos pensativas
testas de los asesinos.
El mayor de Alvargonzález,
lanzando un ronco suspiro,
rompe el silencio, exclamando:
—Hermano, ¡qué mal hicimos!
El viento la puerta bate,
hace temblar el postigo,
y suena en la chimenea
con hueco y largo bramido.
Después, el silencio vuelve,
y a intervalos el pabilo
del candil chisporrotea
en el airea aterido.
El segundo dijo: —Hermano,
¡demos lo viejo al olvido!

EL VIAJERO

I

Es una noche de invierno.
Azota el viento las ramas
de los álamos. La nieve

140

ha puesto la tierra blanca.
Bajo la nevada, un hombre
por el camino cabalga;
va cubierto hasta los ojos,
embozado en negra capa.
Entrado en la aldea, busca
de Alvargonzález la casa,
y ante su puerta llegado,
sin echar pie a tierra, llama.

II

Los dos hermanos oyeron
una aldabada a la puerta,
y de una cabalgadura
los cascos sobre las piedras.
Ambos los ojos alzaron
llenos de espanto y sorpresa.
—¿Quién es? Responda —gritaron.
—Miguel —respondieron fuera.
Era la voz del viajero
que partió a lejanas tierras.

III

Abierto el portón, entrose
a caballo el caballero
y echó pie a tierra. Venía
todo de nieve cubierto.
En brazos de sus hermanos
lloró algún rato en silencio.
Después dio el caballo al uno,
al otra, capa y sombrero,
y en la estancia campesina
buscó el arrimo del fuego.

141

IV

El menor de los hermanos
que niño y aventurero
fue más allá de los mares
y hoy torna indiano opulento,
vestía con negro traje
de peludo terciopelo,
ajustado a la cintura
por ancho cinto de cuero.
Gruesa cadena formaba
un bucle de oro en su pecho.
Era un hombre alto y robusto,
con ojos grandes y negros
llenos de melancolía;
la tez de color moreno,
y sobre la frente comba
enmarañados cabellos;
el hijo que saca porte
señor de padre labriego,
a quien fortuna le debe
amor, poder y dinero.
De los tres Alvargonzález
era Miguel el más bello;
porque al mayor afeaba
el muy poblado entrecejo
bajo la frente mezquina,
y al segundo, los inquietos
ojos que mirar no saben
de frente, torvos y fieros.

V

Los tres hermanos contemplan
el triste hogar en silencio;
y con la noche cerrada

arrecia el frío y el viento.
—Hermanos, ¿no tenéis leña?
—dice Miguel.
      —No tenemos
—responde el mayor.
      Un hombre,
milagrosamente, ha abierto
la gruesa puerta cerrada
con doble barra de hierro.
El hombre que ha entrado tiene
el rostro del padre muerto.
Un halo de luz dorada
orla sus blancos cabellos.
Lleva un haz de leña al hombro
y empuña un hacha de hierro.

EL INDIANO

I

De aquellos campos malditos,
Miguel a sus dos hermanos
compro una parte, que mucho
caudal de América trajo,
y aun en tierra mala, el oro
luce mejor que enterrado,
y más en mano de pobres
que oculto en orza de barro.
Diose a trabajar la tierra
con fe y tesón el indiano,
y a laborar los mayores
sus pegujales tornaron.
Ya con macizas espigas,
preñadas de rubios granos,
a los campos de Miguel

tornó el fecundo verano;
y ya de aldea en aldea
se cuenta como un milagro,
que los asesinos tienen
la maldición en sus campos.

Ya el pueblo canta una copla
que narra el crimen pasado:
«A la orilla de la fuente
lo asesinaron.
¡Qué mala muerte le dieron
los hijos malos!
En la laguna sin fondo
al padre muerto arrojaron.
No duerme bajo la tierra
el que la tierra ha labrado.»

II

Miguel, con sus dos lebreles
y armado de su escopeta,
hacia el azul de los montes,
en una tarde serena,
caminaba entre los verdes
chopos de la carretera,
y oyó una voz que cantaba:
«No tiene tumba en la tierra.
Entre los pinos del valle
del Revinuesa,
al padre muerto llevaron
hasta la Laguna Negra.»

LA CASA

I

La casa de Alvargonzález
era una casona vieja,
con cuatro estrechas ventanas,
separada de la aldea
cien pasos y entre dos olmos
que, gigantes centinelas,
sombra le dan en verano,
y en el otoño hojas secas.

Es casa de labradores,
gente aunque rica plebeya,
donde el hogar humeante
con sus escaños de piedra
se ve sin entrar, si tiene
abierta al campo la puerta.

Al arrimo del rescoldo
del hogar borbollonean
dos pucherillos de barro,
que a dos familias sustentan.

A diestra mano, la cuadra
y el corral; a la siniestra,
huerto y abejar, y, al fondo,
una gastada escalera,
que va a las habitaciones
partidas en dos viviendas.

Los Alvargonzález moran
con sus mujeres en ellas.
A ambas parejas que hubieron,
sin que lograrse pudieran,
dos hijos, sobrado espacio
les da la casa paterna.

En una estancia que tiene
luz al huerto, hay una mesa
con gruesa tabla de roble,
dos sillones de vaqueta,
colgado en el muro, un negro
ábaco de enormes cuentas,
y unas espuelas mohosas
sobre un arcón de madera.

Era una estancia olvidada
donde hoy Miguel se aposenta.
Y era allí donde los padres
veían en primavera
el huerto en flor, y en el cielo
de mayo, azul la cigüeña
—cuando las rosas se abren
y los zarzales blanquean—
que enseñaba a sus hijuelos
a usar de las alas lentas.

Y en las noches del verano,
cuando la calor desvela,
desde la ventana al dulce
ruiseñor cantar oyeran.

Fue allí donde Alvargonzález,
del orgullo de su huerta
y del amor a los suyos,
sacó sueños de grandeza.

Cuando en brazos de la madre
vio la figura risueña
del primer hijo, bruñida
de rubio sol la cabeza,
del niño que levantaba
las codiciosas, pequeñas
manos a las rojas guindas
y a las moradas ciruelas,
o aquella tarde de otoño,
dorada, plácida y buena,
él pensó que ser podría
feliz el hombre en la tierra.

Hoy canta el pueblo una copla
que va de aldea en aldea:
«¡Oh casa de Alvargonzález,
qué malos días te esperan;
casa de los asesinos,
que nadie llame a tu puerta!».

II

Es una tarde de otoño.
En la alameda dorada
no quedan ya ruiseñores;
enmudeció la cigarra.
Las últimas golondrinas,
que no emprendieron la marcha,
morirán y las cigüeñas
de sus nidos de retamas,
en torres y campanarios,
huyeron.
        Sobre la casa de
Alvargonzález, los olmos
sus hojas que el viento arranca
van dejando. Todavía
las tres redondas acacias,
en el atrio de la iglesia,
conservan verdes sus ramas,
y las castañas de Indias
a intervalos se desgajan
cubiertas de sus erizos;
tiene el rosal rosas grana
otra vez, y en las praderas
brilla la alegre otoñada.
En laderas y en alcores,
en ribazos y en cañadas,
el verde nuevo y la hierba,
aún del estío quemada,
alternan; los serrijones

pelados, las lomas calvas,
se coronan de plomizas
nubes apelotonadas;
y bajo el pinar gigante,
entre las marchitas zarzas
y amarillentos helechos,
corren las crecidas aguas
a engrosar el padre río
por canchales y barrancas.

Abunda en la tierra un gris
de plomo y azul de plata,
con manchas de roja herrumbre,
todo envuelto en luz violada.

¡Oh tierras de Alvargonzález,
en el corazón de España,
tierras pobres, tierras tristes,
tan tristes que tienen alma!

Páramo que cruza el lobo
aullando a la luna clara
de bosque a bosque, baldíos
llenos de peñas rosadas,
donde roída de buitres
brilla una osamenta blanca;
pobres campos solitarios
sin caminos ni posadas,
¡oh pobres campos malditos,
pobres campos de mi patria!

LA TIERRA

I

Una mañana de otoño,
cuando la tierra se labra,
Juan y el indiano aparejan
las dos yuntas de la casa.
Martín se quedó en el huerto
arrancando hierbas malas.

II

Una mañana de otoño,
cuando los campos se aran,
sobre un otero, que tiene
el cielo de la mañana
por fondo, la parda yunta
de Juan lentamente avanza.

Cardos, lampazos y abrojos,
avena loca y cizaña,
llenan la tierra maldita,
tenaz a pico y a escarda.

Del corvo arado de roble
la hundida reja trabaja
con vano esfuerzo; parece,
que al par que hiende la entraña
del campo y hace camino
se cierra otra vez la zanja.

«Cuando el asesino labre
será su labor pesada:
antes que un surco en la tierra,
tendrá una arruga en su cara.»

III

Martín, que estaba en la huerta
cavando, sobre su azada
quedó apoyado un momento;
frío sudor le bañaba
el rostro.
                Por el Oriente,
la luna llena, manchada
de un arrebol purpurino,
lucía tras de la tapia
del huerto.

Martín tenía
la sangre de horror helada.
La azada que hundió en la tierra
teñida de sangre estaba.

IV

En la tierra en que ha nacido
supo afincar el indiano;
por mujer a uña doncella
rica y hermosa ha tomado.

La hacienda de Alvargonzález
ya es suya, que sus hermanos
todo le vendieron: casa,
huerto, colmenar y campo.

LOS ASESINOS

I

Juan y Martín, los mayores
de Alvargonzález, un día
pesada marcha emprendieron
con el alba, Duero arriba.

La estrella de la mañana
en el alto azul ardía.
Se iba tiñendo de rosa
la espesa y blanca neblina
de los valles y barrancos,
y algunas nubes plomizas
a Urbión, donde el Duero nace,
como un turbante ponían.

Se acercaban a la fuente.
El agua clara corría,
sonando cual si contara
una vieja historia, dicha
mil veces y que tuviera
mil veces que repetirla.

Agua que corre en el campo
dice en su monotonía:
Yo sé el crimen, ¿no es un crimen,
cerca del agua, la vida?
    Al pasar los dos hermanos
relataba el agua limpia:
«A la vera de la fuente
Alvargonzález dormía».

II

    —Anoche, cuando volvía
a casa —Juan a su hermano
dijo—, a la luz de la luna
era la huerta un milagro.
    Lejos, entre los rosales,
divisé un hombre inclinado
hacia la tierra; brillaba
una hoz de plata en su mano.
    Después irguiose y, volviendo
el rostro, dio algunos pasos
por el huerto, sin mirarme,
y a poco lo vi encorvado
otra vez sobre la tierra.
Teñía el cabello blanco.
La luna llena brillaba,
y era la huerta un milagro.

III

    Pasado habían el puerto
de Santa Inés, ya mediada
la tarde, una tarde triste
de noviembre, fría y parda.
Hacia la Laguna Negra
silenciosos caminaban.

IV

Cuando la tarde caía,
entre las vetustas hayas,
y los pinos centenarios,
un rojo sol se filtraba.
Era un paraje de bosque
y peñas aborrascadas;
aquí bocas que bostezan
o monstruos de fieras garras;
allí una informe joroba,
allá una grotesca panza,
torvos hocicos de fieras
y dentaduras melladas,
rocas y rocas, y troncos
y troncos, ramas y ramas.
En el hondón del barranco
la noche, el miedo y el agua.

V

Un lobo surgió, sus ojos
lucían como dos ascuas.
Era la noche, una noche
húmeda, oscura y cerrada.
Los dos hermanos quisieron
volver. La selva ululaba.
Cien ojos fieros ardían
en la selva, a sus espaldas.

VI

Llegaron los asesinos
hasta la Laguna Negra,
agua transparente y muda
que enorme muro de piedra,

152

donde los buitres anidan
y el eco duerme, rodea;
agua clara donde beben
las águilas de la sierra,
donde el jabalí del monte
y el ciervo y el corzo abrevan;
agua pura y silenciosa
que copia cosas eternas;
agua impasible que guarda
en su seno las estrellas.
Padre!, gritaron; al fondo
de la laguna serena
cayeron, y el eco ¡padre!
repitió de peña en peña.

CXV

A UN OLMO SECO [1]

Al olmo viejo, hendido por el rayo
y en su mitad podrido,
con las lluvias de abril y el sol de mayo,
algunas hojas verdes le han salido.
¡El olmo centenario en la colina
que lame el Duero! Un musgo amarillento
le mancha la corteza blanquecina
al tronco carcomido y polvoriento.

[2] Conocida la fecha de composición de este poema (4 de mayo de 1912), se ha interpretado, por sus últimos tres versos, como el milagro que el poeta esperaba de la curación de Leonor, fallecida, no obstante, el 1 de agosto del mismo año.

No será, cual los álamos cantores
que guardan el camino y la ribera,
habitado de pardos ruiseñores.
Ejército de hormigas en hilera
va trepando por él, y en sus entrañas
urden sus telas grises las arañas.
Antes que te derribe, olmo del Duero,
con su hacha el leñador, y el carpintero
te convierta en melena de campana,
lanza de carro o yugo de carreta;
antes que rojo en el hogar, mañana,
ardas de alguna mísera caseta,
al borde de un camino;
antes que te descuaje un torbellino
y tronche el soplo de las sierras blancas;
antes que el río hasta la mar te empuje
por valles y barrancas,
olmo, quiero anotar en mi cartera
la gracia de tu rama verdecida.
Mi corazón espera
también, hacia la luz y hacia la vida,
otro milagro de la primavera.

Soria, 1912

CXVI

RECUERDOS

Oh Soria, cuando miro los frescos naranjales
cargados de perfume, y el campo enverdecido,
abiertos los jazmines, maduros los trigales,
azules las montañas y el olivar florido,
Guadalquivir corriendo al mar entre vergeles;
y al sol de abril los huertos colmados de azucenas,

y los enjambres de oro, para libar sus mieles
dispersos en los campos, huir de sus colmenas;
yo sé la encina roja crujiendo en tus hogares,
barriendo el cierzo helado tu campo empedernido;
y en sierras agrias sueño —¡Urbión, sobre pinares!
¡Moncayo blanco, al cielo aragonés, erguido!—
Y pienso: Primavera, como un escalofrío
irá a cruzar el alto solar del romancero,
ya verdearán de chopos las márgenes del río.
¿Dará sus verdes hojas el olmo aquel del Duero?
Tendrán los campanarios de Soria sus cigüeñas,
y la roqueda parda más de un zarzal en flor;
a los rebaños blancos, por entre grises peñas,
hacia los altos prados conducirá el pastor.

¡Oh, en el azul, vosotras, viajeras golondrinas
que vais al joven Duero, rebaños de merinos,
con rumbo hacia las altas praderas numantinas,
por las cañadas hondas y al sol de los caminos;
hayedos y pinares que cruza el ágil ciervo,
montañas, serrijones, lomazos, parameras,
en donde reina el águila, por donde buscara el cuervo
su infecto expoliario; menudas sementeras
cual sayos cenicientos, casetas y majadas
entre desnuda roca, arroyos y hontanares
donde la tarde beben las yuntas fatigadas,
dispersos huertecillos, humildes abejares!...

Adiós, tierra de Soria; adiós el alto llano
cercado de colinas y crestas militares
alcores y roquedas del yermo castellano,
fantasmas de robledos y sombras de encinares!

En la desesperanza y en la melancolía
de tu recuerdo, Soria, mi corazón se abreva,
Tierra de alma, toda, hacia la tierra mía,
por los floridos valles, mi corazón te lleva.

En el tren, abril de 1912.

CXVIII

CAMINOS

De la ciudad moruna
tras las murallas viejas,
yo contemplo la tarde silenciosa,
a solas con mi sombra y con mi pena.
El río va corriendo,
entre sombrías huertas
y grises olivares,
por los alegres campos de Baeza.
Tienen las vides pámpanos dorados
sobre las rojas cepas.
Guadalquivir, como un alfanje roto
y disperso, reluce y espejea.
Lejos, los montes duermen
envueltos en la niebla,
niebla de otoño, maternal; descansan
las rudas moles de su ser de piedra
en esta tibia tarde de noviembre,
tarde piadosa, cárdena y violeta.
El viento ha sacudido
los mustios olmos de la carretera,
levantando en rosados torbellinos
el polvo de la tierra.
La luna está subiendo
amoratada, jadeante y llena.
Los caminitos blancos
se cruzan y se alejan,
buscando los dispersos caseríos
del valle y de la sierra.

Caminos de los campos...
¡Ah, ya no puedo caminar con ella![1]

CXIX

Señor, ya me arrancaste lo que yo más quería.
Oye otra vez, Dios mío, mi corazón clamar.
Tu voluntad se hizo, Señor, contra la mía.
Señor, ya estamos solos mi corazón y el mar.

CXX

Dice la esperanza: un día
la verás, si bien esperas.
Dice la esperanza:
sólo tu amargura es ella.
Late, corazón... No todo
se lo ha tragado la tierra.

CXXI

Allá, en las tierras altas,
por donde traza el Duero
su curva de ballesta
en torno a Soria, entre plomizos cerros
y manchas de raídos encinares,
mi corazón está vagando, en sueños...

---

[1] En este poema y en varios de los que siguen, Machado evoca,
con patética emoción, el recuerdo de su mujer muerta.

¿No ves, Leonor, los álamos del río
con sus ramajes yertos?
Mira el Moncayo azul y blanco; dame
tu mano y paseemos.
Por estos campos de la tierra mía,
bordados de olivares polvorientos,
voy caminando solo,
triste, cansado, pensativo y viejo.

CXXII

Soñé que tú me llevabas
por una blanca vereda,
en medio del campo verde,
hacia el azul de las sierras,
hacia los montes azules,
una mañana serena.
Sentí tu mano en la mía,
tu mano de compañera,
tu voz de niña en mi oído
como una campana nueva,
como una campana virgen
de un alba de primavera.
¡Eran tu voz y tu mano,
en sueños, tan verdaderas!...
Vive, esperanza, ¡quién sabe
lo que se traga la tierra!

CXXIII

Una noche de verano
—estaba abierto el balcón

y la puerta de mi casa—
la muerte en mi casa entró.
Se fue acercando a su lecho
—ni siquiera me miró—,
con unos dedos muy finos,
algo muy tenue rompió.
Silenciosa y sin mirarme,
la muerte otra vez pasó
delante de mí. ¿Qué has hecho?
La muerte no respondió.
Mi niña quedó tranquila,
dolido mi corazón.
¡Ay, lo que la muerte ha roto
era un hilo entre los dos!

CXXIV

Al borrarse la nieve, se alejaron
los montes de la sierra.
La vega ha verdecido
al sol de abril, la vega
tiene la verde llama,
la vida, que no pesa;
y piensa el alma en una mariposa,
atlas del mundo, y sueña.
Con el ciruelo en flor y el campo verde,
con el glauco vapor de la ribera,
en torno de las ramas,
con las primeras zarzas que blanquean,
con este dulce soplo
que triunfa de la muerte y de la piedra,
esta amargura que me ahoga y fluye
en esperanza de Ella...

CXXV

En estos campos de la tierra mía,
y extranjero en los campos de mi tierra
—yo tuve patria donde corre el Duero
por entre grises peñas,
y fantasmas de viejos encinares,
allá en Castilla, mística y guerrera,
Castilla la gentil, humilde y brava,
Castilla del desdén y de la fuerza—,
en estos campos de mi Andalucía,
¡oh tierra en que nací!, cantar quisiera.
Tengo recuerdos de mi infancia, tengo
imágenes de luz y de palmeras,
y en una gloria de oro,
de lueñes campanarios con cigüeñas,
de ciudades con calles sin mujeres
bajo un cielo de añil, plazas desiertas
donde crecen naranjos encendidos
con sus frutas redondas y bermejas;
y en un huerto sombrío, el limonero
de rama polvorientas
y pálidos limones amarillos,
que el agua clara de la fuente espeja,
un aroma de nardos y claveles
y un fuerte olor de albahaca y hierbabuena,
imágenes de grises olivares
bajo un tórrido sol que aturde y ciega,
y azules y dispersas serranías
con arreboles de una tarde inmensa;
mas falta el hilo que el recuerdo anuda
al corazón, el ancla en su ribera,
o estas memorias no son alma. Tienen,
en sus abigarradas vestimentas,
señal de ser despojos del recuerdo,
la carga bruta que el recuerdo lleva.

Un día tornarán, con luz del fondo ungidos,
los cuerpos virginales a la orilla vieja.

Lora del Río, 4 de abril de 1913.

CXXVI

A JOSÉ MARÍA PALACIO[1]

Palacio, buen amigo,
¿está la primavera
vistiendo ya las ramas de los chopos
del río y los caminos? En la estepa
del alto Duero, primavera tarda,
¡pero es tan bella y dulce cuando llega!...
¿Tienen los viejos olmos
algunas hojas nuevas?
Aún las acacias estarán desnudas
y nevados los montes de las sierras.
¡Oh mole del Moncayo blanca y rosa,
allá, en el cielo de Aragón, tan bella!
¿Hay zarzas florecidas
entre las grises peñas,
y blancas margaritas
entre la fina hierba?
Por esos campanarios
ya habrán ido llegando las cigüeñas.
Habrá trigales verdes,

---

[1] «José María Palacio, amigo íntimo de Machado, era director
del periódico *Tierra soriana*; su mujer y la mujer del poeta, eran pri-
mas hermanas.» (V. Tusón).

y mulas pardas en las sementeras,
y labriegos que siembran los tardíos
con las lluvias de abril. Ya las abejas
libarán del tomillo y el romero.
¿Hay ciruelos en flor? ¿Quedan violetas?
Furtivos cazadores, los reclamos
de la perdiz bajo las capas luengas,
no faltarán, Palacio, buen amigo,
¿tienen ya ruiseñores las riberas?
Con los primeros lirios
y las primeras rosas de las huertas,
en una tarde azul, sube al Espino[2],
al alto Espino donde está su tierra...

Baeza, 29 de abril de 1913.

CXXVII

OTRO VIAJE

Ya en los campos de Jaén,
amanece. Corre el tren
por sus brillantes rieles,
devorando matorrales,
alcaceles,
terraplenes, pedregales,
olivares, caseríos,
praderas y cardizales,
montes y valles sombríos.
Tras la turbia ventanilla,

---

[2] Se refiere al cementerio de Soria, donde descansan los restos de Leonor.

pasa la devanadera
del campo de primavera.
La luz en el techo brilla
de mi vagón de tercera.
Entre nubarrones blancos,
oro y grana,
la niebla de la mañana
huyendo por los barrancos.
¡Este insomne sueño mío!
¡Este frío
de un amanecer en vela!...
Resonante,
jadeante,
marcha el tren. El campo vuela.
Enfrente de mí, un señor
sobre su manta dormido;
un fraile y un cazador
—el perro a sus pies tendido—.
Yo contemplo mi equipaje,
mi viejo saco de cuero;
y recuerdo otro viaje
hacia las tierras del Duero.
Otro viaje de ayer
por la tierra castellana
—¡pinos del amanecer
entre Almazán y Quintana!—
¡Y alegría
de un viajar en compañía!
¡Y la unión
que ha roto la muerte un día!
¡Mano fría
que aprietas mi corazón!
Tren, camina, silba, humea,
acarrea
tu ejército de vagones,
ajetrea

maletas y corazones.
Soledad,
sequedad.
Tan pobre me estoy quedando
que ya ni siquiera estoy
conmigo, ni sé si voy
conmigo a solas viajando.

CXXVIII

POEMA DE UN DÍA

MEDITACIONES RURALES

Heme aquí ya, profesor
de lenguas vivas (ayer
maestro de gay-saber,
aprendiz de ruiseñor),
en un pueblo húmedo y frío,
destartalado y sombrío,
entre andaluz y manchego.
Invierno. Cerca del fuego.
Fuera llueva un agua fina,
que ora se trueca en neblina,
ora se torna aguanieve.
Fantástico labrador,
pienso en los campos. ¡Señor
qué bien haces! Llueve, llueve
tu agua constante y menuda
sobre alcaceles y habares,
tu agua muda,
en viñedos y olivares.
Te bendecirán conmigo
los sembradores del trigo;

los que viven de coger
la aceituna;
los que esperan la fortuna
de comer;
los que hogaño,
como antaño,
tienen toda su moneda
en la rueda,
traidora rueda del año.
¡Llueve, llueve; tu neblina
que se torne en aguanieve,
y otra vez en agua fina!
¡Llueve, Señor, llueve, llueve!

En mi estancia, iluminada
por esta luz invernal
—la tarde gris tamizada
por la lluvia y el cristal—,
sueño y medito.
                              Clarea
el reloj arrinconado,
y su tic-tic, olvidado
por repetido, golpea.
Tic-tic, tic-tic... Ya te he oído.
Tic-tic, tic-tic... Siempre igual,
monótono y aburrido.
Tic-tic, tic-tic, el latido
de un corazón de metal.
En estos pueblos ¿se escucha
el latir del tiempo? No.
En estos pueblos se lucha
sin tregua con el reló,
con esa monotonía
que mide un tiempo vacío.
Pero ¿tu hora es la mía?
¿Tu tiempo, reloj, el mío?
(Tic-tic, tic-tic...) Era un día

(Tic-tic, tic-tic) que pasó,
y lo que yo más quería
la muerte se lo llevó.

Lejos suena un clamoreo
de campanas...
Arrecia el repiqueteo
de la lluvia en las ventanas.
Fantástico labrador,
vuelvo a mis campos. ¡Señor,
cuánto te bendecirán
los sembradores del pan!
Señor, ¿no es tu lluvia ley,
en los campos que ara el buey,
y en los palacios del rey?
¡Oh, agua buena, deja vida
en tu huida!
¡Oh, tú, que vas gota a gota,
fuente a fuente y río a río,
como este tiempo de hastío
corriendo a la mar remota,
con cuanto quiere nacer,
cuanto espera
florecer
al sol de la primavera,
sé piadosa,
que mañana
serás espiga temprana,
prado verde, carne rosa,
y más: razón y locura
y amargura
de querer y no poder
creer, creer y creer!

Anochece;
el hilo de la bombilla
se enrojece,
luego brilla,

resplandece
poco más que una cerilla.
Dios sabe dónde andarán
mis gafas... entre librotes,
revistas y papelotes,
¿quién las encuentra?... Aquí están.
Libros nuevos. Abro uno
de Unamuno.
¡Oh, el dilecto,
predilecto
de esta España que se agita,
porque nace o resucita!
Siempre te ha sido, ¡oh rector
de Salamanca!, leal
este humilde profesor
de un instituto rural.
Esa tu filosofía
que llamas diletantesca,
voltaria y funambulesca,
gran don Miguel, es la mía.
Agua del buen manantial,
siempre viva,
fugitiva;
poesía, cosa cordial.
¿Constructora?
No hay cimiento
ni en el alma ni en el viento—.
Bogadora,
marinera,
hacia la mar sin ribera.
Enrique Bergson[1]: *Los datos
inmediatos*

---

[1] Henri Bergson (1859-1941), filósofo francés, a cuyas clases asistió Machado en su tercer viaje a París (1910). Su filosofía influyó en el poeta.

de la conciencia. ¿Esto es
otro embeleco francés?
este Bergson es un tuno;
¿verdad, maestro Unamuno?
Bergson no da como aquel
Immanuel
el volatín inmortal;
este endiablado judío
ha hallado el libre albedrío
dentro de su mechinal.
No está mal;
cada sabio, su problema,
y cada loco, su tema.
Algo importa
que en la vida mala y corta
que llevamos
libres o siervos seamos;
mas, si vamos
a la mar,
lo mismo nos han de dar.
¡Oh, estos pueblos! Reflexiones,
lecturas y acotaciones
pronto dan en lo que son:
bostezos de Salomón.
¿Todo es
soledad de soledades,
vanidad de vanidades,
que dijo el Eclesiastés?
Mi paraguas, mi sombrero,
mi gabán... El aguacero
amaina... Vámonos, pues.
   Es de noche. Se platica
al fondo de una botica.
—Yo no sé,
don José,
cómo son los liberales
tan perros, tan inmorales.

—¡Oh, tranquilícese usté!
Pasados los carnavales,
vendrán los conservadores,
buenos administradores
de su casa.
Todo llega y todo pasa.
Nada eterno:
mi gobierno
que perdure,
ni mal que cien años dure.
—Tras estos tiempos, vendrán
otros tiempos y otros y otros,
y lo mismo que nosotros
otros se jorobarán.
Así es la vida, don Juan.
—Es verdad, así es la vida.
—La cebada está crecida.
—Con estas lluvias...

                              Y van
las habas que es un primor.
—Cierto; para marzo, en flor.
Pero la escarcha, los hielos...
—Y, además, los olivares
están pidiendo a los cielos
agua a torrentes.

                              —A mares.
¡Las fatigas, los sudores
que pasan los labradores!
En otro tiempo...

                              Llovía
también cuando Dios quería.
—Hasta mañana, señores.

   Tic-tic, tic-tic... Ya pasó
un día como otro día,
dice la monotonía
del reló.

> Sobre mi mesa, *Los datos*
> *de la conciencia*, inmediatos.
> No está mal
> este yo fundamental,
> contingente y libre, a ratos,
> creativo, original;
> este yo que vive y siente
> dentro la carne mortal
> ¡ay! por saltar impaciente
> las bardas de su corral.

Baeza, 1913.

CXXIX

NOVIEMBRE 1913

Un año más. El sembrador va echando
la semilla en los surcos de la tierra.
Dos lentas yuntas aran,
mientras pasan las nubes cenicientas
ensombreciendo el campo,
las pardas sementeras,
los grises olivares. Por el fondo
del valle el río el agua turbia lleva.
Tiene Cazorla nieve,
y Mágina, tormenta,
su montera, Aznaitín. Hacia Granada,
montes con sol, montes de sol y piedra.

CXXX

LA SAETA

> ¿Quién me presta una escalera,
> para subir al madero,
> para quitarle los clavos
> a Jesús el Nazareno?
>
> SAETA POPULAR

¡Oh, la saeta, el cantar
al Cristo de los gitanos,
siempre con sangre en las manos,
siempre por desenclavar!
¡Cantar del pueblo andaluz,
que todas las primaveras
anda pidiendo escaleras
para subir a la cruz!
¡Cantar de la tierra mía,
que echa flores
al Jesús de la agonía,
y es la fe de mis mayores!
Oh, no eres tú mi cantar!
¡No puedo cantar, ni quiero
a ese Jesús del madero,
sino al que anduvo en el mar!

CXXXI

DEL PASADO EFÍMERO

Este hombre del casino provinciano
que vio a *Carancha*[1] recibir un día,
tiene mustia la tez, el pelo cano,
ojos velados por melancolía;
bajo el bigote gris, labios de hastío,
y una triste expresión, que no es tristeza,
sino algo más y menos: el vacío
del mundo en la oquedad de su cabeza.
Aún luce de corinto terciopelo
chaqueta y pantalón abotinado,
y un cordobés color de caramelo,
pulido y torneado.
Tres veces heredó; tres ha perdido
al monte su caudal; dos ha enviudado.
Solo se anima ante el azar prohibido,
sobre el verde tapete reclinado,
o al evocar la tarde de un toreno,
la suerte de un tahúr, o si alguien cuenta
la hazaña de un gallardo bandolero,
o la proeza de un matón, sangrienta.
Bosteza de política banales
dicterios al gobierno reaccionario,
y augura que vendrán los liberales,
cual torna la cigüeña al campanario.
Un poco labrador, del cielo aguarda
y al cielo teme; alguna vez suspira
pensando en su olivar, y al cielo mira
con ojo inquieto, si la lluvia tarda.

---

[1] Fue un famoso torero del siglo XIX, rival de *Lagartijo* y *Frascuelo*. Nació en Algeciras en 1848 y se llamaba José Sánchez del Campo.

Lo demás, taciturno, hipocondríaco,
prisionero en la Arcadia del presente,
le aburre; solo el humo del tabaco
simula algunas sombras en su frente.
Este hombre no es de ayer ni es de mañana,
sino de nunca; de la cepa hispana
no es el fruto maduro ni podrido,
es una fruta vana
de aquella España que pasó y no ha sido,
esa que hoy tiene la cabeza cana.

CXXXII

LOS OLIVOS

A Manolo Ayuso [1].

I

¡Viejos olivos sedientos
bajo el claro sol del día,
olivares polvorientos
del campo de Andalucía!
¡El campo andaluz, peinado
por el sol canicular,
de loma en loma rayado
de olivar y de olivar!
Son las tierras
soleadas,
anchas lomas, lueñes sierras
de olivares recamadas.

---

[2] «Poeta y político republicano, a cuyo libro *Helénicas* puso
Machado un interesante prólogo.» (J. L. Cano).

Mil senderos. Con sus machos,
abrumados de capachos,
van gañanes y arrieros.
¡De la venta del camino
a la puerta, soplan vino
trabucaires bandoleros!
¡Olivares y olivares
de loma en toma prendidos
cual bordados alamares!
¡Olivares coloridos
de una tarde anaranjada;
olivares rebruñidos
bajo la luna argentada!
¡Olivares centellados
en las tardes cenicientas,
bajo los cielos preñados
de tormentas! ...
Olivares, Dios os dé
los eneros de aguaceros,
los agostos de agua al pie,
los vientos primaverales,
vuestras flores racimadas;
y las lluvias otoñales
vuestras olivas moradas.
Olivar, por cien caminos,
tus olivitas irán
caminando a cien molinos.
Ya darán
trabajo en las alquerías
a gañanes y braceros,
¡oh buenas fuentes sombrías
bajo los anchos sombreros!...
¡Olivar y olivareros,
campo y plaza
de los fieles al terruño
y al arado y al molino,

de los que muestran el puño
al destino,
los benditos labradores,
los bandidos caballeros,
los señores
devotos y matuteros!...
¡Ciudades y caseríos
en la margen de los ríos,
en los pliegues de la sierra!...
¡Venga Dios a los hogares
y a las almas de esta tierra
de olivares y olivares!

II

A dos leguas de Úbeda, la Torre
de Pedro Gil, bajo este sol de fuego,
triste burgo de España. El coche rueda
entre grises olivos polvorientos.
Allá, el castillo heroico.
En la plaza, mendigos y chicuelos:
una orgía de harapos...
Pasamos frente al atrio del convento
de la Misericordia.
¡Los blancos muros, los cipreses negros!
¡Agria melancolía
como asperón de hierro
que raspa el corazón! ¡Amurallada
piedad, erguida en este basurero!...
Esta casa de Dios, decid, hermanos,
esta casa de Dios, ¿qué guarda dentro?
Y ese pálido joven,
asombrado y atento,
que parece mirarnos con la boca,
será el loco del pueblo,
de quien se dice: es Lucas,

Blas o Ginés, el tonto que tenemos.
Seguimos. Olivares. Los olivos
están en flor. El carricoche lento,
al paso de dos pencos matalones,
camina hacia Peal. Campos ubérrimos.
La tierra da lo suyo; el sol trabaja;
el hombre es para el suelo:
genera, siembra y labra
y su fatiga unce la tierra al cielo.
Nosotros enturbiamos
la fuente de la vida, el sol primero,
con nuestros ojos tristes,
con nuestro amargo rezo,
con nuestra mano ociosa,
con nuestro pensamiento
—se engendra en el pecado,
se vive en el dolor. ¡Dios está lejos!—.
Esta piedad erguida
sobre este burgo sórdido, sobre este basurero,
esta casa de Dios, decid, oh santos
cañones de von Kluck, ¿qué guarda dentro?

CXXXIII

LLANTO DE LAS VIRTUDES Y COPLAS
POR LA MUERTE DE DON GUIDO

Al fin, una pulmonía
mató a don Guido, y están
las campanas todo el día
doblando por él: ¡din-dán!
Murió don Guido, un señor
de mozo muy jaranero,
muy galán y algo torero;
de viejo, gran rezador.

Dicen que tuvo un serrallo
este señor de Sevilla;
que era diestro
en manejar el caballo,
y un maestro
en refrescar manzanilla.

Cuando mermó su riqueza,
era su monomanía
pensar que pensar debía
en asentar la cabeza.

Y asentola
de una manera española,
que fue a casarse con una
doncella de gran fortuna;
y repintar sus blasones,
hablar de las tradiciones
de su casa,
a escándalos y amoríos
poner tasa,
sordina a sus desvaríos.

Gran pagano,
se hizo hermano
de una santa cofradía;
el Jueves Santo salía,
llevando un cirio en la mano
—¡aquel trueno!—,
vestido de nazareno.
Hoy nos dice la campana
que han de llevarse mañana
al buen Guido, muy serio,
camino del cementerio.

Buen don Guido, ya eres ido
y para siempre jamás...
Alguien dirá: ¿Qué dejaste?
Yo pregunto: ¿Qué llevaste?
al mundo donde hoy estás?

¿Tu amor a los alamares
y a las sedas y a los oros,
y a la sangre de los toros
y al humo de los altares?
    Buen don Guido y equipaje,
¡buen viaje!...
    El acá
y el calla,
caballero,
se ve en tu rostro marchito,
lo infinito:
cero, cero.
    Oh las enjutas mejillas,
amarillas,
y los párpados de cera,
y la fina calavera
en la almohada del lecho!
    ¡Oh fin de una aristocracia!
La barba canosa y lacia
sobre el pecho;
metido en tosco sayal,
las yertas manos en cruz,
¡tan formal!
el caballero andaluz.

CXXXV

EL MAÑANA EFÍMERO

A Roberto Castrovido [1].

La España de charanga y pandereta,
    cerrado y sacristía,

---

[1] «Periodista nacido en Madrid en 1864, fue director del diario republicano *El país*, en el que colaboró Machado.» (J. L. Cano).

devota de Frascuelo y de María,
de espíritu burlón y de alma quieta,
ha de tener su mármol y su día,
su infalible mañana y su poeta.
El vano ayer engendrará un mañana
vacío y ¡por ventura! pasajero.
Será un joven lechuzo y tarambana,
un sayón de hechuras de bolero,
a la moda de Francia realista,
un poco al uso de París pagano,
y al estilo de España especialista
en el vicio al alcance de la mano.
Esa España inferior que ora y bosteza,
vieja y tahúr, zaragatera y triste;
esa España inferior que ora y embiste,
cuando se digna usar de la cabeza,
aún tendrá luengo parto de varones
amantes de sagradas tradiciones
y de sagradas formas y maneras;
florecerán las barbas apostólicas,
y otras calvas en otras calaveras
brillarán, venerables y católicas.
El vano ayer engendrará un mañana
vacío y ¡por ventura! pasajero,
la sombra de un lechuzo tarambana,
de un sayón con hechuras de bolero;
el vacuo ayer dará un mañana huero.
Como la náusea de un borracho ahíto
de vino malo, un rojo sol corona
de heces turbias las cumbres de granito;
hay un mañana estomagante escrito
en la tarde pragmática y dulzona.
Mas otra España nace,
la España del cincel y de la maza,
con esa eterna juventud que se hace
del pasado macizo de la raza.

Una España implacable y redentora,
España que alborea
con un hacha en la mano vengadora,
España de la rabia y de la idea.

1913.

CXXXVI

PROVERBIOS Y CANTARES

I

Nunca perseguí la gloria
ni dejar en la memoria
de los hombres mi canción;
yo amo los mundos sutiles,
ingrávidos y gentiles
como pompas de jabón.
Me gusta verlos pintarse
de sol y grana, volar
bajo el cielo azul, temblar
súbitamente y quebrarse.

VIII

En preguntar lo que sabes
el tiempo no has de perder...
Y a preguntas sin respuesta
¿quién te podrá responder?

IX

El hombre, a quien el hambre de la rapiña acucia,
de ingénita malicia y natural astucia,
formó la inteligencia y acaparó la tierra.
¡Y aún la verdad proclama! ¡Supremo ardid de guerra!

XII

¡Ojos que a la luz se abrieron
un día para, después,
ciegos tornar a la tierra,
hartos de mirar sin ver!

XV

Cantad conmigo en coro: Saber, nada sabemos,
de arcana mar vinimos, a ignota mar iremos...
Y entre los dos misterios está el enigma grave;
tres arcas cierra una desconocida llave.
La luz nada ilumina y el sabio nada enseña.
¿Qué dice la palabra? ¿Qué el agua de la peña?

XVI

El hombre es por natura la bestia paradójica,
un animal absurdo que necesita lógica.
Creó de nada un mundo y, su obra terminada,
«Ya estoy en el secreto —se dijo—, todo es nada.»

XXI

Ayer soñé que veía
a Dios y que a Dios hablaba;
y soñé que Dios me oía...
Después soñé que soñaba.

XXIII

No extrañéis, dulces amigos,
que esté mi frente arrugada;
yo vivo en paz con los hombres
y en guerra con mis entrañas.

XXIV

De diez cabezas, nueve
embisten y una piensa.
Nunca extrañéis que un bruto
se descuerne luchando por la idea.

XXVIII

Todo hombre tiene dos
batallas que pelear:
en sueños lucha con Dios;
y despierto, con el mar.

XXIX

Caminante, son tus huellas
el camino, y nada más;
caminante, no hay camino,
se hace camino al andar.
Al andar se hace camino,
y al volver la vista atrás
se ve la senda que nunca
se ha de volver a pisar.
Caminante, no hay camino,
sino estelas en la mar.

XXXI

Corazón, ayer sonoro,
¿ya no suena
tu monedilla de oro?
Tu alcancía,
antes que el tiempo la rompa,
¿se irá quedando vacía?
Confiemos
en que no será verdad
nada de lo que sabemos.

XXXII

¡Oh fe del meditabundo!
¡Oh fe después del pensar!
Solo si viene un corazón al mundo
rebosa el vaso humano y se hincha el mar.

XXXIV

Yo amo a Jesús, que nos dijo:
Cielo y tierra pasarán.
Cuando cielo y tierra
mi palabra quedará.
¿Cuál fue, Jesús, tu palabra?
¿Amor? ¿Perdón? ¿Caridad?
Todas tus palabras fueron
una palabra: Velad.

XXXV

Hay dos modos de conciencia:
una es luz, y otra, paciencia.
Una estriba en alumbrar
un poquito el hondo mar;
otra, en hacer penitencia
con caña o red, y esperar
el pez, como pescador.
Dime tú: ¿Cuál es mejor?
¿Conciencia de visionario
que mira en el hondo acuario
peces vivos,
fugitivos,
que no se pueden pescar,
o esa maldita faena
de ir arrojando a la arena,
muertos, los peces del mar?

XXXVII

¿Dices que nada se crea?
No te importe, con el barro
de la tierra, haz una copa
para que beba tu hermano.

XXXIX

Dicen que el ave divina,
trocada en pobre gallina,
por obra de las tijeras
de aquel sabio profesor
(fue Kant un esquilador
de las aves altaneras;

toda su filosofía,
un *sport* de cetrería),
dicen que quiere saltar
las tapias del corralón,
y volar
otra vez, hacia Platón.
¡Hurra! ¡Sea!
¡Feliz será quien lo vea!

XLIV

Todo pasa y toda queda,
pero lo nuestro es pasar,
pasar haciendo caminos,
caminos sobre la mar.

XLV

Morir... ¿Caer como gota
de mar en el mar inmenso?
¿O ser lo que nunca he sido:
uno, sin sombra y sin sueño,
un solitario que avanza
sin camino y sin espejo?

XLVI

Anoche soñé que oía
a Dios, gritándome: ¡Alerta!
Luego era Dios quien dormía,
y yo gritaba: ¡Despierta!

XLVII

Cuatro cosas tiene el hombre
que no sirven en la mar:
ancla, gobernalle y remos,
y miedo de naufragar.

L

—Nuestro español bosteza.
¿Es hambre? ¿Sueño? ¿Hastío?
Doctor, ¿tendrá el estómago vacío?
—El vacío es más bien en la cabeza.

LIV

Ya hay un español que quiere
vivir y a vivir empieza,
entre una España que muere
y otra España que bosteza.
Españolito que vienes
al mundo, te guarde Dios.
Una de las dos Españas
ha de helarte el corazón.

CXXXVII

PARÁBOLAS

I

Era un niño que soñaba
un caballo de cartón.
Abrió los ojos el niño
y el caballito no vio.
Con un caballito blanco

el niño volvió a soñar;
y por la crin lo cogía...
¡Ahora no te escaparás!
Apenas lo hubo cogido,
el niño se despertó.
Tenía el puño cerrado.
¡El caballito voló!
Quedose el niño muy serio
pensando que no es verdad
un caballito soñado.
Y ya no volvió a soñar.
Pero el niño se hizo mozo
y el mozo tuvo un amor,
y a su amada le decía:
¿Tú eres de verdad o no?
Cuando el mozo se hizo viejo
pensaba: Todo es soñar,
el caballito soñado
y el caballo de verdad.
Y cuando vino la muerte,
el viejo a su corazón
preguntaba: ¿Tú eres sueño?
¡Quién sabe si despertó!

II

A D. Vicente Ciurana.

Sobre la limpia arena, en el tartesio llano
por donde acaba España y sigue el mar,
hay dos hombres que apoyan la cabeza en la mano;
uno duerme, y el otro parece meditar.
El uno, en la mañana de tibia primavera,
junto a la mar tranquila,
ha puesto entre sus ojos y el mar que reverbera,
los párpados, que borran el mar en la pupila.

Y se ha dormido, y sueña con el pastor Proteo,
que sabe los rebaños del marino guardar;
y sueña que le llaman las hijas de Nereo,
y ha oído a los caballos de Poseidón hablar.
El otro mira al agua. Su pensamiento flota;
hijo del mar, navega —o se pone a volar—.
Su pensamiento tiene un vuelo de gaviota,
que ha visto un pez de plata en el agua saltar.
Y piensa: «Es esta vida una ilusión marina
de un pescador que un día ya no puede pescar».
El soñador ha visto que el mar se le ilumina,
y sueña que es la muerte una ilusión del mar.

III

Érase de un marinero
que hizo un jardín junto al mar,
y se metió a jardinero.
Estaba el jardín en flor,
y el jardinero se fue
por esos mares de Dios.

IV

CONSEJOS

Sabe esperar, aguarda que la marea fluya
—así en la costa un barco— sin que al partir te inquiete.
Todo el que aguarda sabe que la victoria es suya;
porque la vida es larga y el arte es un juguete.
Y si la vida es corta
y no llega la mar a tu galera,
aguarda sin partir y siempre espera,
que el arte es largo y, además, no importa.

188

V

PROFESIÓN DE FE

Dios no es el mar, está en el mar; riela
como luna en el agua, o aparece
como una blanca vela;
en el mar se despierta o se adormece.
Creó la mar, y nace
de la mar cual la nube y la tormenta;
es el Criador y la criatura lo hace;
su aliento es alma, y por el alma alienta.
Yo he de hacerte, mi Dios, cual tú me hiciste,
y para darte el alma que me diste
en mí te he de crear. Que el puro río
de caridad que fluye eternamente,
fluya en mi corazón. ¡Seca, Dios mío,
de una fe sin amor la turbia fuente!

VI

El Dios que todos llevamos,
el Dios que todos hacemos,
el Dios que todos buscamos
y que nunca encontraremos.
Tres dioses o tres personas
del solo Dios verdadero.

VII

Dice la razón: Busquemos
la verdad.
Y el corazón: Vanidad.
La verdad ya la tenemos.

La razón: ¡Ay, quién alcanza
la verdad!
El corazón: Vanidad.
La verdad es la esperanza.
Dice la razón: Tú mientes.
Y contesta el corazón:
Quien miente eres tú, razón,
que dices lo que no sientes.
La razón: Jamás podremos
entendernos, corazón.
El corazón: Lo veremos.

ELOGIOS

CXXXIX

A DON FRANCISCO GINER DE LOS RÍOS [1]

Como se fue el maestro,
la luz de esta mañana
me dijo: Van tres días
que mi hermano Francisco no trabaja.
¿Murió?... Solo sabemos
que se nos fue por una senda clara,
diciéndonos: Hacedme
un duelo de labores y esperanzas.
Sed buenos y no más, sed lo que he sido
entre vosotros: alma.
Vivid, la vida sigue,
los muertos mueren y las sombras pasan,
lleva quien deja y vive el que ha vivido.
¡Yunques, sonad; enmudeced, campanas!

[2] Don Francisco Giner de los Ríos fue el fundador de la Institución Libre de Enseñanza. Murió el 18 de febrero de 1915. En este poema resume Machado el profundo amor al maestro y sus experiencias vividas en la Institución. Se publicó en la revista *España* ocho días después de muerto Giner.

Y hacia otra luz más pura
partió el hermano de la luz del alba,
del sol de los talleres,
el viejo alegre de la vida santa.
... ¡Oh, sí!, llevad, amigos,
su cuerpo a la montaña,
a los azules montes
del ancho Guadarrama.
Allí hay barrancos hondos
de pinos verdes donde el viento canta.
Su corazón repose
bajo una encina casta,
en tierra de tomillos, donde juegan
mariposas doradas...
Allí el maestro un día
soñaba un nuevo florecer de España.

Baeza, 21 de febrero de 1915.

CXLIII

DESDE MI RINCÓN

ELOGIOS

Al libro *Castilla*, del maestro Azorín,
con motivos del mismo.

Con este libro de melancolía
toda Castilla a mi rincón me llega;
Castilla la gentil y la bravía,
la parda y la manchega.
¡Castilla, España de los largos ríos
que el mar no ha visto y corre hacia los mares;
Castilla de los páramos sombríos,
Castilla de los negros encinares!

Labriegos transmarinos y pastores
trashumantes —arados y merinos—,
labriegos con talante de señores,
pastores del color de los caminos.
Castilla de grisientos peñascales,
pelados serrijones,
barbechos y trigales,
malezas y cambrones.
Castilla azafranada y polvorienta,
sin montes, de arreboles purpurinos,
Castilla visionaria y soñolienta
de llanuras, viñedos y molinos.
Castilla —hidalgos de semblante enjuto,
rudos jaques y orondos bodegueros—,
Castilla —trajinantes y arrieros
de ojos inquietos, de mirar astuto—,
mendigos rezadores,
y frailes pordioseros,
boteros, tejedores,
arcadores, perailes, chicarreros,
lechuzos y rufianes,
fulleros y truhanes,
caciques y tahúres y logreros.
¡Oh venta de los montes! —Fuencebada,
Fonfría, Oncala, Manzanal, Robledo—.
¡Mesón de los caminos y posada
de Esquivias, Salas, Almazán, Olmedo!
La ciudad diminuta y la campana
de las monjas que tañe, cristalina...
¡Oh dueña doñeguil tan de mañana [1]
y amor de Juan Ruiz a doña Endrina!
Las comadres —Gerarda y Celestina—.

---

[1] En este verso y en los siguientes, hay claras referencias literarias a las obras del Arcipreste de Hita, Lope de Vega (Gerarda) y Fernando

Los amantes —Fernando y Dorotea—.
¡Oh casa, oh huerto, oh sala silenciosa!
¡Oh divino vasar en donde posa
sus dulces ojos verdes Melibea!
¡Oh jardín de cipreses y rosales,
donde Calisto ensimismado piensa
que tornan con las nubes inmortales
las mismas olas de la mar inmensa!
¡Y este hoy que mira a ayer; y este mañana
que nacerá tan viejo!
(Y esta esperanza vana
de romper el encanto del espejo!
¡Y esta agua amarga de la fuente ignota!
¡Y este filtrar la gran hipocondría
de España siglo a siglo y gota a gota!
¡Y esta alma de *Azorín*... y esta alma mía
que está viendo pasar, bajo la frente,
de una España la inmensa galería,
cual pasa del ahogado en la agonía
todo su ayer, vertiginosamente!
Basta, *Azorín*, yo creo
en el alma sutil de tu Castilla,
y en esa maravilla
de tu hombre triste del balcón, que veo
siempre añorar, la mano en la mejilla.
Contra el gesto del persa, que azotaba
la mar con su cadena;
contra la flecha que el tahúr tiraba
al cielo, creo en la palabra buena.
Desde un pueblo que ayuna y se divierte,
ora y eructa, desde un pueblo impío
que juega al mus, de espaldas a la muerte,
creo en la libertad y en la esperanza,
y en una fe que nace
cuando se busca a Dios y no se alcanza,
y en el Dios que se lleva y que se hace.

ENVÍO

¡Oh, tú, *Azorín,* que de la mar de Ulises
viniste al ancho llano
en donde el gran Quijote, el buen Quijano,
soñó con Esplandianes y Amadises;
buen *Azorín,* por adopción manchego,
que guardas tu alma ibera,
tu corazón de fuego
bajo el regio almidón de tu pechera
—un poco libertario
de cara a la doctrina,
¡admirable *Azorín,* el reaccionario
por asco de la greña jacobina!—;
pero tranquilo, varonil —la espada
ceñida a la cintura
y con santo rencor acicalada—,
sereno en el umbral de tu aventura!
—Oh, tú, *Azorín,* escucha: España quiere
surgir, brotar, toda una España empieza!
¿Y ha de helarse en la España que se muere?
¿Ha de ahogarse en la España que bosteza?
Para salvar la nueva epifanía
hay que acudir, ya es hora,
con el hacha y el fuego al nuevo día.
Oye cantar los gallos de la aurora.

Baeza, 1913.

CXLIV

UNA ESPAÑA JOVEN

... Fue un tiempo de mentira, de infamia. A España
la malherida España, de Carnaval vestida,   [toda,
nos la pusieron, pobre y escuálida y beoda,
para que no acertara la mano con la herida.

Fue ayer: éramos casi adolescentes; era
con tiempo malo, encinta de lúgubres presagios,
cuando montar quisimos en pelo una quimera,
mientras la mar dormía ahíta de naufragios.

Dejamos en el puerto la sórdida galera,
y en una nave de oro nos plugo navegar
hacia los altos mares, sin aguardar ribera,
lanzando velas y anclas y gobernalle al mar.

Ya entonces, por el fondo de nuestro sueño
                                        [—herencia
de un siglo que vencido sin gloria se alejaba—
un alba entrar quería; con nuestra turbulencia
la luz de las divinas ideas batallaba.

Mas cada cual el rumbo siguió de su locura;
agilitó su brazo, acreditó su brío;
dejó como un espejo bruñida su armadura
y dijo: «El hoy es malo, pero el mañana... es mío».

Y es hoy aquel mañana de ayer... Y España toda,
con sucios oropeles de Carnaval vestida
aún la tenemos: pobre y escuálida y beoda;
mas hoy de un vino malo: la sangre de su herida.

Tú, juventud más joven, si de más alta cumbre
la voluntad te llega, irás a tu aventura
despierta y transparente a la divina lumbre,
como el diamante clara, como el diamante pura.

1914.

CXLV

ESPAÑA, EN PAZ

En mi rincón moruno, mientras repiquetea
el agua de la siembra bendita en los cristales,
yo pienso en la lejana Europa que pelea,
el fiero Norte, envuelto en lluvias otoñales.

Donde combaten galos, ingleses y teutones,
allá, en la vieja Flandes y en una tarde fría,
sobre jinetes, carros, infantes y cañones
pondrá la lluvia el velo de su melancolía.

Envolverá la niebla el rojo expoliario
—sordina gris al férreo claror del campamento—,
las brumas de la Mancha caerán como un sudario
de la flamenca duna sobre el fangal sangriento.

Un César ha ordenado las tropas de Germanía
contra el francés avaro y el triste moscovita,
y osó hostigar la rubia pantera de Britania.
Medio planeta en armas contra el teutón milita.
¡Señor! La guerra es mala y bárbara; la guerra,
odiada por las madres, las almas entigrece;
mientras la guerra pasa, ¿quién sembrará la tierra?
¿Quién segará la espiga que junio amarillece?

Albión acecha y caza las quillas en los mares;
Germanía arruina templos, moradas y talleres;
la guerra pone un soplo de hielo en los hogares,
y el hambre en los caminos, y el llanto en las mujeres.

Es bárbara la guerra y torpe y regresiva;
¿por qué otra vez a Europa está sangrienta racha
que siega el alma y esta locura acometiva?
¿Por qué otra vez el hombre de sangre se emborracha?

La guerra nos devuelve las podres y las pestes
del Ultramar cristiano; el vértigo de horrores
que trajo Atila a Europa con sus feroces huestes;

197

las hordas mercenarias, los púnicos rencores;
la guerra nos devuelve los muertos milenarios
de cíclopes, centauros, Heracles y Teseos;
la guerra resucita los sueños cavernarios
del hombre con peludos mammuthes giganteos.

   ¿Y bien? El mundo en guerra y en paz España sola.
¡Salud, oh buen Quijano! Por si este gesto es tuyo,
yo te saludo. ¡Salve! Salud, paz española,
si no eres paz cobarde, sino desdén y orgullo.

   Si eres desdén y orgullo, valor de ti, si bruñes
en esa paz, valiente, la enmohecida espada,
para tenerla limpia, sin tacha, cuando empuñes
el arma de tu vieja panoplia arrinconada;
si pules y acicalas tus hierros para, un día,
vestir de luz, y erguida: *heme aquí, pues España,*
en alma y cuerpo, toda, para una guerra mía,
heme aquí, pues, vestida para la propia hazaña,
decir, para que diga quien oiga: *es voz, no es eco,*
el buen manchego habla palabras de cordura;
parece que el hidalgo amojamado y seco
entró en razón, y tiene espada a la cintura;
entonces, paz de España, yo te saludo.

                   Si eres
vergüenza humana de esos rencores cabezudos
con que se matan miles de avaros mercaderes,
sobre la madre tierra que los parió desnudos;
si sabes cómo Europa entera se anegaba
en una paz sin alma, en un afán sin vida,
y que una calentura cruel la aniquilaba,
que es hoy la fiebre de esta pelea fratricida;
si sabes que esos pueblos arrojan sus riquezas
al mar y al fuego —todos— para sentirse hermanos
un día ante el divino altar de la pobreza,
gabachos y tudescos, latinos y britanos,
entonces, paz de España, también yo te saludo,

y a ti, la España fuerte, si, en esta paz bendita,
en tu desdeño esculpes, como sobre un escudo,
dos ojos que avizoran y un ceño que medita.

Baeza, 10 de noviembre de 1914.

CXLVIII

A LA MUERTE DE RUBÉN DARÍO

Si era toda en tu verso la armonía del mundo,
¿dónde fuiste, Darío, la armonía a buscar?
Jardinero de Hesperia, ruiseñor de los mares,
corazón asombrado de la música astral,
¿te ha llevado Dionisos de su mano al infierno
y con las nuevas rosas triunfante volverás?
¿Te han herido buscando la soñada Florida,
la fuente de la eterna juventud, capitán?
Que en esta lengua madre la clara historia quede:
corazones de todas las Españas, llorad.
Rubén Darío ha muerto en sus tierras de Oro,
esta nueva nos vino atravesando el mar.
Pongamos, españoles, en un severo mármol,
su nombre, flauta y lira, y una inscripción no más:
Nadie esta lira pulse, si no es el mismo Apolo,
nadie esta flauta suene, si no es el mismo Pan.

1916.

CL

MIS POETAS

El primero es Gonzalo de Berceo llamado,
Gonzalo de Berceo, poeta y peregrino,
que yendo en romería acaeció en un prado,
y a quien los sabios pintan copiando un pergamino.

Trovó a Santo Domingo, trovó a Santa María,
y a San Millán, y a San Lorenzo y Santa Oria,
y dijo: Mi dictado non es de juglaría;
escrito lo tenemos; es verdadera historia.

Su verso es dulce y grave; monótonas hileras
de chopos invernales en donde nada brilla;
renglones como surcos en pardas sementeras,
y lejos, las montañas azules de Castilla.

Él nos cuenta el repaire del romeo cansado;
leyendo en santorales y libros de oración,
copiando historias viejas, nos dice su dictado,
mientras le sale afuera la luz del corazón.

CLI

A DON MIGUEL DE UNAMUNO

Por su libro *Vida de Don Quijote y Sancho*.

Este donquijotesco
don Miguel de Unamuno, fuerte vasco,
lleva el arnés grotesco
y el irrisorio casco
del buen manchego. Don Miguel camina,
jinete de quimérica montura,
metiendo espuela de oro a su locura,
sin miedo de la lengua que malsina.

A un pueblo de arrieros,
lechuzos y tahúres y logreros
dicta lecciones de Caballería.
Y el alma desalmada de su raza,
que bajo el golpe de su férrea maza
aún duerme, puede que despierte un día.

Quiere enseñar el ceño de la duda,
antes de que cabalgue, al caballero;
cual nuevo Hamlet, a mirar desnuda
cerca del corazón de la hoja de acero.
    Tiene el aliento de una estirpe fuerte
que soñó más allá de sus hogares,
y que el oro buscó tras de los mares.
Él señala la gloria tras la muerte.
Quiere ser fundador, y dice: Creo,
Dios y adelante el ánima española...
Y es tan bueno y mejor que fue Loyola:
sabe a Jesús y escupe al fariseo.

CLII

A JUAN RAMÓN JIMÉNEZ

Por su libro *Arias tristes.*

Era una noche del mes
de mayo, azul y serena.
Sobre el agudo ciprés
brillaba la luna llena,
    iluminando la fuente
en donde el agua surtía
sollozando intermitente.
Solo la fuente se oía.
    Después, se escuchó el acento
de un oculto ruiseñor.
Quebró una racha de viento
la curva del surtidor.
    Y una dulce melodía
vagó por todo el jardín:
entre los mirtos tañía
un músico su violín.

Era un acorde lamento
de juventud y de amor
para la luna y el viento,
el agua y el ruiseñor.
«El jardín tiene una fuente
y la fuente una quimera...»
Cantaba una voz doliente,
alma de la primavera.
Calló la voz y el violín
apagó su melodía.
Quedó la melancolía
vagando por el jardín.
Solo la fuente se oía.

NUEVAS CANCIONES
(1917-1930)

CLIV

APUNTES

I

Desde mi ventana,
¡campo de Baeza,
a la luna clara!
¡Montes de Cazorla,
Aznaitín y Mágina!
¡De luna y de piedra
también los cachorros
de Sierra Morena!

II

Sobre el olivar,
se vio a la lechuza
volar y volar.
Campo, campo, campo.
Entre los olivos,
los cortijos blancos.
Y la encina negra,
a medio camino
de Úbeda a Baeza.

IV

Sobre el olivar,
se vio a la lechuza
volar y volar.
A Santa María
un ramito verde
volando traía.
¡Campo de Baeza,
soñaré contigo
cuando no te vea!

CLV

HACIA TIERRA BAJA

III

Un mesón de mi camino.
Con un gesto de vestal,
tú sirves el rojo vino
de una orgía de arrabal.
Los borrachos
de los ojos vivarachos
y la lengua fanfarrona
te requiebran ¡oh varona!
Y otros borrachos suspiran
por tus ojos de diamante,
tus ojos que a nadie miran.
A la altura de tus senos,
la batea rebosante
llega en tus brazos morenos.
¡Oh mujer,
dame también de beber!

V

Una noche de verano,
en la playa de Sanlúcar,
oí una voz que cantaba:
Antes que salga la luna.

Antes que salga la luna,
a la vera de la mar,
dos palabritas a solas
contigo tengo de hablar.

¡Playa de Sanlúcar,
noche de verano,
copla solitaria
junto al mar amargo!

¡A la orillita del agua,
por donde nadie nos vea,
antes que la luna salga!

CLVI

GALERÍAS

II

El monte azul, el río, las erectas
varas cobrizas de los finos álamos,
y el blanco del almendro en la colina,
¡oh nieve en flor y mariposa en árbol!
Con el aroma del habar, el viento
corre en la alegre soledad del campo.

V

Entre montes de almagre y peñas grises
el tren devora su raíl de acero.
La hilera de brillantes ventanillas
lleva un doble perfil de camafeo,
tras el cristal de plata, repetido...
¿Quién ha punzado el corazón del tiempo?

VI

¿Quién puso, entre las rocas de ceniza,
para la miel del sueño,
esas retamas de oro
y esas azules flores del romero?
La sierra de violeta
y, en el poniente, el azafrán del cielo,
¿quién ha pintado? ¡El abejar, la ermita,
el tajo sobre el río, el sempiterno
rodar del agua entre las hondas peñas,
y el rubio verde de los campos nuevos,
y todo, hasta la tierra blanca y rosa
al pie de los almendros!

CLVII

LA LUNA, LA SOMBRA Y EL BUFÓN

I

Fuera, la luna platea
cúpulas, torres, tejados;
dentro, mi sombra pasea

por los muros encalados.
Con esta luna, parece
que hasta la sombra envejece.
    Ahorremos la serenata
de una cenestesia ingrata,
y una vejez intranquila,
y una luna de hojalata.
Cierra tu balcón, Lucila.

II

    Se pinta panza y joroba
en la pared de mi alcoba.
Canta el bufón:
               Qué bien van,
en un rostro de cartón,
unas barbas de azafrán!
Lucila, cierra el balcón.

CLVIII

CANCIONES DE TIERRAS ALTAS

IV

    Es la parda encina
y el yermo de piedra.
Cuando el sol tramonta,
el río despierta.
    ¡Oh montes lejanos
de malva y violeta!
En el aire en sombra
solo el río suena.
    ¡Luna amoratada
de una tarde vieja,

en un campo frío,
más luna que tierra!

V

Soria de montes azules
y de yermos de violeta,
¡cuántas veces te he soñado
en esta florida vega
por donde se va,
entre naranjos de oro,
Guadalquivir a la mar!

VII

En Córdoba, la serrana,
en Sevilla, marinera
y labradora, que tiene
hinchada, hacia el mar, la vela;
y en el ancho llano
por donde la arena sorbe
la baba del mar amargo,
hacia la fuente del Duero
mi corazón —¡Soria pura!—
se tornaba... ¡Oh, fronteriza
entre la tierra y la luna!
¡Alta paramera
donde corre el Duero niño,
tierra donde está su tierra.

VIII

El río despierta.
En el aire oscuro,
solo el río suena.

¡Oh canción amarga
del agua en la piedra!
Hacia el alto Espino,
bajo las estrellas.

  Solo suena el río
al fondo del valle,
bajo el alto Espino.

X

IRIS DE LA NOCHE

A D. Ramón del Valle-Inclán.

  Hacia Madrid, una noche
va el tren por el Guadarrama.
En el cielo, el aro iris
que hacen la luna y el agua.
¡Oh luna de abril, serena,
que empuja las nubes blancas!
  La madre lleva a su niño,
dormido, sobre la falda.
Duerme el niño y, todavía,
ve el campo verde que pasa,
y arbolillos soleados,
y mariposas doradas.
  La madre, ceño sombrío
entre un ayer y un mañana,
ve unas ascuas mortecinas
y una hornilla con arañas.
  Hay un trágico viajero,
que debe ver cosas raras,
y habla solo y, cuando mira,
nos borra con la mirada.
  Yo pienso en campos de nieve
y en pinos de otras montañas.

Y tú, Señor, por quien todos
vemos y que ves las almas,
dinos si todos, un día,
hemos de verte la cara.

CLIX

CANCIONES

II

Junto al agua negra.
Olor de mar y jazmines.
Noche malagueña.

III

La primavera ha venido.
Nadie sabe cómo ha sido.

VIII

La fuente y las cuatro
acacias en flor
de la plazoleta.
Ya no quema el sol.
¡Tardecita alegre!
Canta, ruiseñor.
Es la misma hora
de mi corazón.

IX

¡Blanca hospedería,
celda de viajero,
con la sombra mía!

XIII

Hay fiesta en el prado verde
—pífano y tambor—.
Con su cayado florido
y abarcas de oro vino un pastor.
Del monte bajé,
sólo por bailar con ella;
al monte me tornaré.
En los árboles del huerto
hay un ruiseñor;
canta de noche y de día,
canta a la luna y al sol.
Ronco de cantar:
al huerto vendrá la niña
y una rosa cortará.
Entre las negras encinas
hay una fuente de piedra,
y un cantarillo de barro
que nunca se llena.
Por el encinar,
con la blanca luna,
ella volverá.

CLX

CANCIONES DEL ALTO DUERO

Canción de mozas.

I

Molinero es mi amante,
tiene un molino
bajo los pinos verdes,
cerca del río.
Niñas, cantad:
«Por las tierras de Soria
yo quisiera pasar».

II

Por las tierras de Soria
va mi pastor.
¡Si yo fuera una encina
sobre un alcor!
Para la siesta,
si yo fuera una encina
sombra le diera.

III

Colmenero es mi amante,
y, en su abejar,
abejicas de oro
vienen y van.
De tu colmena,
colmenero del alma,
yo colmenera.

IV

En las sierras de Soria,
azul y nieve.
Leñador es mi amante
de pinos verdes.
¡Quién fuera el águila
para ver a mi dueño
cortando ramas!

V

Hortelano es mi amante,
tiene su huerto,
en la tierra de Soria,
cerca del Duero.
¡Linda hortelana!
Llevaré saya verde,
monjil de grana.

VI

A la orilla del Duero,
lindas peonzas,
bailad, coloraditas
como amapolas.
¡Ay, garabí!...
Bailad, suene la flauta
y el tamboril.

CLXI

PROVERBIOS Y CANTARES

A José Ortega y Gasset.

I

El ojo que ves no es
ojo porque tú lo veas;
es ojo porque te ve.

IV

Mas busca en tu espejo al otro,
al otro que va contigo.

V

Entre el vivir y el soñar
hay una tercera cosa.
Adivínala.

VIII

Hoy es siempre todavía.

XI

Como otra vez, mi atención
está del agua cautiva;
pero del agua en la viva
roca de mi corazón.

XII

¿Sabes, cuando el agua suena,
si es agua de cumbre o valle,
de plaza, jardín o huerta?

XV

Busca a tu complementario,
que marcha siempre contigo,
suele ser tu contrario.

XVI

Si vino la primavera,
volad a las flores;
no chupéis cera.

XVII

En mi soledad
he visto cosas muy claras,
que no son verdad.

XXIX

Despertad, cantores;
acaben los ecos,
empiecen las voces.

XXXVI

No es el yo fundamental
eso que busca el poeta,
sino el tú esencial.

XL

Los ojos por que suspiras,
sábelo bien,
los ojos en que te miras
son ojos porque te ven.

XLI

—Ya se oyen palabras viejas.
—Pues aguzad las orejas.

XLVI

Se miente más de la cuenta
por falta de fantasía:
también la verdad se inventa.

XLIX

¿Dijiste media verdad?
Dirán que mientes dos veces
si dices la otra mitad.

L

Con el tú de mi canción
no te aludo, compañero:
ese tú soy yo.

LII

Hora de mi corazón:
la hora de una esperanza
y una desesperación.

LIII

Tras el vivir y el soñar,
está lo que más importa:
despertar.

LXII

Por dar al viento trabajo,
cosía con hilo doble
las hojas secas del árbol.

LXVI

Poned atención:
un corazón solitario
no es un corazón.

LXXI

Da doble luz a tu verso,
para leído de frente
y al sesgo.

LXXII

Mas no te importe si rueda
y pasa de mano en mano:
del oro se hace moneda.

LXXIX

Del romance castellano
no busques la sal castiza;
mejor que romance viejo,
poeta, cantar de niñas.
Déjale lo que no puedes
quitarle: su melodía
de cantar que canta y cuenta
un ayer que es todavía.

LXXXI

Si vivir es bueno,
es mejor soñar,
y mejor que todo,
madre, despertar.

LXXXV

¿Tu verdad? No, la Verdad,
y ven conmigo a buscarla.
La tuya, guárdatela.

LXXXVII

¡Oh Guadalquivir!
Te vi en Cazorla nacer;
hoy, en Sanlúcar morir.

Un borbollón de agua clara,
debajo de un pino verde,
eras tú, ¡qué bien sonabas!
Como yo, cerca del mar,
río de barro salobre,
¿sueñas con tu manantial?

XCIII

¿Cuál es la verdad? ¿El río
que fluye y pasa
donde el barco y el barquero
son también ondas del agua?
¿O este soñar del marino
siempre con ribera y anda?

CLXII

PARERGÓN

Al gigante ibérico Miguel de Unamuno, por
quien la Espina actual alcanza proceridad en el
mundo.

LOS OJOS

I

Cuando murió su amada
pensó en hacerse viejo
en la mansión cerrada,

solo, con su memoria y el espejo
donde ella se miraba un claro día.
Como el oro en el arca del avaro,
pensó que guardaría
todo un ayer en el espejo claro.
Ya el tiempo para él no correría.

II

Mas, pasado el primer aniversario,
¿cómo eran —preguntó—, pardos o negros,
sus ojos. ¿Glaucos?... ¿Grises?
¿Cómo eran, ¡Santo Dios!, que no recuerdo?...

III

Salió a la calle un día
de primavera, y paseó en silencio
su doble luto, el corazón cerrado...
De una ventana en el sombrío hueco
vio unos ojos brillar. Bajó los suyos
y siguió su camino... ¡Como esos!

CLXIV

GLOSANDO A RONSARD [1] Y OTRAS RIMAS

Un poeta manda su retrato a una bella
dama, que le había enviado el suyo.

II

Como fruta arrugada, ayer madura,
o como mustia rama, ayer florida,
y aun menos, en el árbol de mi vida,
es la imagen que os lleva esa pintura.
   Porque el árbol ahonda en tierra dura,
en roca tiene su raíz prendida,
y si al labio no da fruta sabrida,
aún quiere dar al sol la que perdura.
   Ni vos gritéis desilusión, señora,
negando al día ese carmín risueño,
ni a la manera usada, en el ahora
pongáis, cual negra tacha, el turbio ceño.
Tomad arco y aljaba —¡oh cazadora!—
que ya es el alba: despertad del sueño.

---

[2] Pierre de Ronsard (1524-1585), poeta francés renacentista, denominado «el padre de la poesía lírica de Francia». Fue jefe en la escuela poética conocida como *La Pleiade*.

LOS SUEÑOS DIALOGADOS

II

¿Por qué decisme, hacia los altos llanos
huye mi corazón de esta ribera,
y en tierra labradora y marinera
suspiro por los yermos castellanos?
  Nadie elige su amor. Llevome un día
mi destino a los grises calvijares
donde ahuyenta al caer la nieve fría
las sombras de los muertos encinares.
  De aquel trozo de España, alto y roquero,
hoy traigo a ti, Guadalquivir florido,
una mata del áspero romero.
  Mi corazón está donde ha nacido,
no a la vida, al amor, cerca del Duero...
¡El muro blanco y el ciprés erguido!

III

Las ascuas de un crepúsculo, señora,
rota la parda nube de tormenta,
  han pintado en la roca cenicienta
de lueñe cerro un resplandor de aurora.
  Una aurora cuajada en roca fría,
que es asombro y pavor del caminante
más que fiero león en claro día
o en garganta de monte osa gigante.
  Con el incendio de un amor, prendido
al turbio sueño de esperanza y miedo,
yo voy hacia la mar, hacia el olvido.
  —y no como a la noche ese roquedo,
al girar del planeta ensombrecido—.
No me llaméis, porque tornar no puedo.

EN LA FIESTA DE GRADMONTAGNE [1]

Leído en el Mesón del Segoviano.

I

Cuenta la historia que un día,
buscando mejor España.
Grandmontagne se partía
de una tierra de montaña,
de una tierra
de agria sierra.
¿Cuál? No sé. ¿La serranía
de Burgos? ¿El Pirineo?
¿Urbión donde el Duero nace?
Averiguadlo. Yo veo
un prado en que el negro toro
reposa, y la oveja pace
entre ginestas de oro;
y unos altos, verdes pinos;
más arriba, peña y peña,
y un rubio mozo que sueña
con caminos,
en el aire, de cigüeña,
entre montes, de merinos,
con rebaños trashumantes
y vapores de emigrantes
a pueblos ultramarinos.

---

[1] «Francisco Grandmontagne (1866-1936), nacido en Burgos emigró a Buenos Aires, donde llegó a ser periodista importante... En 1921, durante una de sus estancias en España, un grupo de escritores le ofreció un homenaje en el madrileño Mesón del Segoviano en el que se leyeron diversos textos.» (J. M.ª Valverde).

II

Grandmontagne saludaba
a los suyos, en la popa
de un barco que se alejaba
del triste rabo de Europa.

Tras de mucho devorar
caminos de mar profundo
vio las estrellas brillar
sobre la panza del mundo.

Arriba a un ancho estuario,
dio en la argentina Babel.
Él llevaba un diccionario
y siempre leía en él:
era su devocionario

Y en la ciudad —no en el hampa—
y en la Pampa
hizo su propia conquista.

El cronista
de dos mundos, bajo el sol,
el duro pan se ganaba
y, de noche, fabricaba
su magnífico español.

La faena trabajosa,
y la mar y la llanura,
caminata o singladura,
siempre larga,
diéronle, para su prosa,
viento recio, sal amarga,
y la amplia línea armoniosa
del horizonte lejano.

Llevó del monte dureza,
calma le dio el océano
y grandeza;
y de un pueblo americano
donde florece la hombría
nos trae la fe y la alegría
que ha perdido el castellano.

III

En este remolino de España, rompeolas
de las cuarenta y nueve provincias españolas
(Madrid del cucañista, Madrid del pretendiente)
 y en un mesón antiguo, y entre la poca gente
—¡tan poca!— sin librea, que sufre y que trabaja,
y aún corta solamente su pan con su navaja,
por Grandmontagne alcemos la copa. Al suelo indiano,
ungido de las letras embajador hispano,
«avant pour tout laquais votre ombre seulement»
os vais, buen caballero... Que Dios os dé su mano,
que el mar y el cielo os sean propicios, capitán.

AL ESCULTOR EMILIANO BARRAL[1]

... Y tu cincel me esculpía
en una piedra rosada,
que lleva una aurora fría
eternamente encantada.
Y la agria melancolía
de una soñada grandeza,
que es lo español (fantasía
con que adobar la pereza),
fue surgiendo de esa roca,
que es mi espejo,
línea a línea, plano a plano,
y mi boca de sed poca,
y, so el arco de mi cejo,

---

[2] Escultor segoviano, amigo del poeta de quien hizo un busto al
que se refiere el poema.

dos ojos de un ver lejano,
que yo quisiera tener
como están en tu escultura:
cavados en piedra dura,
en piedra, para no ver.

Madrid, 1922.

IV

¡Oh soledad, mi sola compañía,
oh musa del portento que el vocablo
diste a mi voz que nunca te pedía!,
responde a mi pregunta: ¿con quién hablo?

Ausente de ruidosa mascarada,
divierto mi tristeza sin amigo,
contigo, dueña de la faz velada,
siempre velada al dialogar conmigo.

Hoy pienso: este que soy será quien sea;
o es ya mi grave enigma este semblante
que en el íntimo espejo se recrea,

sino el misterio de tu voz amante.
Descúbreme tu rostro, que yo vea
fijos en mí tus ojos de diamante.

DE MI CARTERA

I

Ni mármol duro y eterno,
ni música ni pintura,
sino palabra en el tiempo.

II

Canto y cuento es la poesía.
Se canta una viva historia,
contando su melodía.

III

Crea el alma sus riberas;
montes de cenizas y plomo,
sotillos de primavera.

IV

Toda la imaginería
que no ha brotado del río,
barata bisutería.

V

Prefiere la rima pobre,
la asonancia indefinida.
Cuando nada cuenta el canto
acaso huelga la rima.

VI

Verso libre, verso libre...
Líbrate, mejor, del verso
cuando te esclavice.

VII

La rima verbal y pobre,
y temporal, es la rica.
El adjetivo y el nombre,
remansos del agua limpia,
son accidentes del verbo
en la gramática lírica
del Hoy que será Mañana,
del Ayer que es Todavía.

1924.

CLXV

SONETOS

III

¿Empañé tu memoria? ¡Cuántas veces!
La vida baja como un ancho río,
y cuando lleva el mar alto navío
va con cieno verdoso y turbias heces.

Y más si hubo tormenta en sus orillas,
y él arrastra el botín de la tormenta,
si en su cielo la nube cenicienta
se incendió de centellas amarillas.

Pero aunque fluya hacia la mar ignota,
es la vida también agua de fuente
que de claro venero, gota a gota,

o ruidoso penacho de torrente,
bajo el azul, sobre la piedra brota.
Y allí suena tu nombre ¡eternamente!

IV

Esta luz de Sevilla... Es el palacio[1]
donde nací, con su rumor de fuente.
Mi padre, en su despacho. —La alta frente,
la breve mosca, y el bigote lacio—.

Mi padre, aún joven. Lee, escribe, hojea
sus libros y medita. Se levanta;
va hacia la puerta del jardín. Pasea.
A veces habla solo, a veces canta.

Sus grandes ojos de mirar inquieto
ahora vagar parecen, sin objeto
donde puedan posar, en el vacío.

Ya escapan de su ayer a su mañana;
ya miran en el tiempo, ¡padre mío!,
piadosamente mi cabeza cana.

V

Huye del triste amor, amor pacato,
sin peligro, sin venda ni aventura,
que espera del amor prenda segura,
porque en amor locura es lo sensato.

Ese que el pecho esquiva al niño ciego
y blasfemó del fuego de la vida,
de una brasa pensada, y no encendida,
quiere ceniza que le guarde el fuego.

Y ceniza hallará, no de su llama,
cuando descubra el torpe desvarío
que pedía, sin flor, fruto en la rama.

Con negra llave el aposento frío
de su tiempo abrirá. ¡Desierta cama,
y turbio espejo y corazón vacío!

---

[2] Nueva referencia al Palacio de las Dueñas, donde nació Machado.

CANCIONERO APÓCRIFO

CLXXIII

CANCIONES A GUIOMAR

I

No sabía
si era un limón amarillo
lo que tu mano tenía,
o el hilo de un claro día,
Guiomar, en dorado ovillo.
Tu boca me sonreía.

Yo pregunté: ¿Qué me ofreces?
¿Tiempo en fruto, que tu mano
eligió entre madureces
de tu huerta?

¿Tiempo vano
de una bella tarde yerta?
¿Dorada ausencia encantada?
¿Copia en el agua dormida?
¿De monte en monte encendida,
la alborada
verdadera?
¿Rompe en sus turbios espejos
amor la devanadera
de sus crepúsculos viejos?

II

En un jardín te he soñado,
alto, Guiomar, sobre el río,
jardín de un tiempo cerrado
con verjas de hierro frío.

Un ave insólita canta
en el almez, dulcemente,
junto al agua viva y santa,
toda sed y toda fuente.

En ese jardín, Guiomar,
el mutuo jardín que inventan
dos corazones al par,
se funden y complementan
nuestras horas. Los racimos
de un sueño —juntos estamos—!
en limpia copa exprimimos,
y el doble cuento olvidamos.

(Uno: Mujer y varón,
aunque gacela y león,
llegan juntos a beber.
El otro: No puede ser
amor de tanta fortuna:
dos soledades en una,
ni aun de varón y mujer.)

*

Por ti la mar ensaya olas y espumas,
y el iris, sobre el monte, otros colores,
y el faisán de la aurora canto y plumas,
y el búho de Minerva ojos mayores.
Por ti, ¡oh Guiomar!...

III

Tu poeta
piensa en ti. La lejanía
es de limón y violeta,
verde el campo todavía.
Conmigo vienes, Guiomar;
nos sorbe la serranía.
De encinar en encinar
se va fatigando el día.
El tren devora y devora
día y riel. La retama
pasa en sombra; se desdora
el oro de Guadarrama.
Porque una diosa y su amante
huyen juntos, jadeante,
los sigue la luna llena.
El tren se esconde y resuena
dentro de un monte gigante.
Campos yermos, cielo alto.
Tras los montes de granito
y otros montes de basalto,
ya es la mar y el infinito.
Juntos vamos; libres somos.
Aunque el Dios, como en el cuento
fiero rey, cabalgue a lomos
del mejor corcel del viento,
aunque nos jure, violento,
su venganza,
aunque ensille el pensamiento,
libre amor, nadie lo alcanza.

*

Hoy te escribo en mi celda de viajero,
a la hora de una cita imaginaria.
Rompe el iris al aire el aguacero,

  y al monte su tristeza planetaria
Sol y campanas en la vieja torre.
¡Oh tarde viva y quieta
que opuso al *panta rhei* su *nada corre*,
tarde niña que amaba tu poeta!
¡Y día adolescente
—ojos claros y músculos morenos—,
cuando pensaste a Amor, junto a la fuente,
besar tus labios y apresar tus senos!
Todo a esta luz de abril se transparenta;
todo en el hoy de ayer, el Todavía
que en sus maduras horas
el tiempo canta y cuenta,
se funde en una sola melodía,
que es un coro de tardes y de auroras.
A ti, Guiomar, esta nostalgia mía.

CLXXIV

OTRAS CANCIONES A GUIOMAR

A LA MANERA DE ABEL MARTÍN
Y DE JUAN DE MAIRENA

I

¡Solo tu figura,
como una centella blanca,
en mi noche oscura!

*

¡Y en la tersa arena,
cerca de la mar,
tu carne rosa y morena,
súbitamente, Guiomar!

*

En el gris del muro,
cárcel y aposento,
y en un paisaje futuro
con solo tu voz y el viento;

*

en la nácar frío
de tu zarcillo en mi boca,
Guiomar, y en el calofrío
de una amanecida loca;

*

asomada al malecón
que bate la mar de un sueño,
y bajo el arco del ceño
de mi vigilia, a traición,
¡siempre tú!

Guiomar, Guiomar,
mírame en ti castigado:
reo de haberte creado,
ya no te puedo olvidar.

II

Todo amor es fantasía;
él inventa el año, el día,
la hora y su melodía;
inventa el amante y, más,
la amada. No prueba nada,
contra el amor, que la amada
no haya existido jamás.

VI

Y te enviaré mi canción:
«Se canta lo que se pierde»,
con un papagayo verde
que la diga en tu balcón.

CLXXVI

OTRO CLIMA

¡Oh, cámaras del tiempo y galerías
del alma, tan desnudas!,
dijo el poeta. De los claros días
pasan las sombras mudas.
Se apaga el canto de las viejas horas
cual rezo de alegrías enclaustradas;
el tiempo lleva un desfilar de auroras
con séquito de estrellas empañadas.
¿Un mundo muere? ¿Nace
un mundo? ¿En la marina
panza del globo hace
nueva nave su estela diamantina?
    ¿Quillas al sol la vieja flota yace?
¿Es el mundo nacido en el pecado,
el mundo del trabajo y la fatiga?
¿Un mundo nuevo para ser salvado
otra vez? ¡Otra vez! Que Dios lo diga.
Calló el poeta, el hombre solitario,
porque un aire de cielo aterecido
le amortecía el fino estradivario.
Sangrábale el oído.

Desde la cumbre vio el desierto llano
con sombras de gigantes con escudos,
y en el verde fragor del océano
torsos de esclavos jadear desnudos,
y un nihil de fuego escrito
tras de la selva huraña,
en áspero granito,
y el rayo de un camino en la montaña...

POESÍAS DE LA GUERRA
(1936-1939)

EL CRIMEN FUE EN GRANADA [1]

A Federico García Lorca.

I

EL CRIMEN

Se le vio, caminando entre fusiles,
por una calle larga,
salir al campo frío,
aún con estrellas, de la madrugada.
Mataron a Federico
cuando la luz asomaba.
El pelotón de verdugos
no osó mirarle a la cara.
Todos cerraron los ojos;
rezaron: ¡ni Dios te salva!
Muerto cayó Federico
—sangre en la frente y plomo en las entrañas—
...Que fue en Granada el crimen
sabed —¡pobre Granada!—, en su Granada...

---

[2] A la muerte de García Lorca. El poema se publicó por primera vez en *Ayuda*, Madrid, en octubre de 1936. Lorca fue asesinado el 19 de agosto del mismo año.

II

EL POETA Y LA MUERTE

Se le vio caminar solo con Ella,
sin miedo a su guadaña.
—Ya el sol en torre y torre; los martillos
en yunque —yunque y yunque de las fraguas.
Hablaba Federico,
requebrando a la muerte. Ella escuchaba.
«Porque ayer en mi verso, compañera,
sonaba el golpe de tus secas palmas,
y diste el hielo a mi cantar, y el filo
a mi tragedia de tu hoz de plata,
te cantaré la carne que no tienes,
los ojos que te faltan,
tus cabellos que el viento sacudía,
los rojos labios donde te besaban...
Hoy como ayer, gitana, muerte mía,
qué bien contigo a solas,
por estos aires de Granada, ¡mi Granada!»

III

Se le vio caminar...
                    Labrad, amigos,
de piedra y sueño, en el Alhambra,
un túmulo al poeta,
sobre una fuente donde llore el agua,
y eternamente diga:
el crimen fue en Granada, ¡en su Granada!

CCXXXIV

LA PRIMAVERA

Más fuerte que la guerra —espanto y grima—
cuando con torpe vuelo de avutarda
el ominoso trimotor se encima
y sobre el vano techo se retarda.
hoy tu alegre zalema el campo anima,
tu claro verde el chopo en yemas guarda.
Fundida irá la nieve de la cima
al hilo rojo de la tierra parda.
Mientras retumba el monte, el mar humea,
da la sirena el lúgubre alarido,
y en el azul el avión platea,
¡cuán agudo se filtra hasta mi oído,
niña inmortal, infatigable dea,
el agrio son de tu rabel florido!

CCXXXVII

LA MUERTE DEL NIÑO HERIDO

Otra vez es la noche... Es el martillo
de la fiebre en las sienes bien vendadas
del niño. —Madre, ¡el pájaro amarillo!
¡Las mariposas negras y moradas!
—Duerme, hijo mío. Y la manita oprime
la madre junto al lecho. —¡Oh flor de fuego!
¿Quién ha de helarte, flor de sangre, dime?
Hay en la pobre alcoba olor de espliego:

fuera la oronda luna que blanquea
cúpula y torre a la ciudad sombría.
Invisible avión moscardonea.
—¿Duermes, oh dulce flor de sangre mía?
El cristal del balcón repiquetea.
—¡Oh, fría, fría, fría, fría, fría!

CCXXXIX

CANCIÓN

Ya va subiendo la luna
sobre el naranjal.
Luce Venus como una
pajarita de cristal.

Ámbar y berilo,
tras de la sierra lejana,
el cielo, y de porcelana
morada en el mar tranquilo.

Ya es de noche en el jardín
—¡el agua en sus atanores!—
y solo huele a jazmín,
ruiseñor de los olores.

¡Cómo parece dormida
la guerra, de mar a mar,
mientras Valencia florida
se bebe el Guadalquivir!

Valencia de finas torres
y suaves noches, Valencia,
¿estaré contigo,
cuando mirarte no pueda,
donde crece la arena del campo
y se aleja la mar de violeta?

Rocafort, mayo de 1937.

RECORDANDO A GUIOMAR

De mar a mar, entre los dos la guerra,
más honda que la mar. En mi parterre,
miro a la mar que el horizonte cierra.
Tú, asomada, Gujomar, a un finisterre,

miras hacia otro mar, la mar de España
que Camoens cantara, tenebrosa.
Acaso a ti mi ausencia te acompaña.
A mí me duele tu recuerdo, diosa.

La guerra dio al amor el tajo fuerte.
Y es la total angustia de la muerte,
con la sombra infecunda de tu llama

y la soñada miel de amor tardío,
y la flor imposible de la rama
que ha sentido del hacha el corte frío.

* * *

Estos días azules y este sol de la infancia.

ÍNDICE PRIMEROS VERSOS

		Págs.
La fuente		41
Invierno		47
Cenit		47
Crepúsculo		48
«Siempre que sale el alma»		49

SOLEDADES, GALERÍAS Y OTROS POEMAS (1899-1907)

I	El viajero	51
II	[He andado muchos caminos]	52
III	[La plaza y los naranjos encendidos	53
IV	En el entierro de un amigo	54
V	Recuerdo infantil	55
VI	[Fue una clara tarde, triste y soñolienta]	55
VII	[El limonero lánguido suspende]	57
VIII	[Yo escucho los cantos]	58
IX	Orillas del Duero	59
XI	[Yo voy soñando caminos]	60
XIII	[Hacia un ocaso radiante]	61
XIV	Cante hondo	62
XV	[La calle en sombra. Ocultaban los altos caserones]	63

Págs.

DEL CAMINO

XX	Preludio	65
XXI	[Daba el reloj las doce... y eran doce]	65
XXII	[Sobre la tierra amarga]	66
XXIX	[Arde en tus ojos un misterio, virgen]	66
XXXII	[Las ascuas de un crepúsculo morado]	67
XXXIII	[¿Mi amor...? ¿Recuerdas, dime,]	67
XXXIV	[Me dijo un alba de la primavera]	67
XXXV	[Al borde del sendero un día nos sentamos]	68
XXXVI	[Es una forma juvenil que un día]	68
XXXVII	[¡Oh, dime, noche amiga, amada vieja,]	69

CANCIONES

XXXVIII	[Abril florecía]	71
XXXIX	Coplas elegíacas	73
XL	Inventario galante	74
XLII	[La vida hoy tiene ritmo]	76
XLIII	[Era una mañana y abril sonreía.]	77
XLV	[El sueño bajo el sol que aturde y ciega,]	78

HUMORISMOS, FANTASIAS, APUNTES

XLVI	La noria	79
XLIX	Elegía de un madrigal	80
LII	Fantasía de una noche de abril	81
LIV	Los sueños malos	83
LV	Hastío	84
LVI	[Sonaba el reloj a la una]	84
LVII	Consejos	85
LVIII	Glosa	86
LIX	[Anoche cuando dormía]	86
LX	[¿Mi corazón se ha dormido?]	87

Págs.

GALERÍAS

LXI   Introducción 89
LXII   [Desgarrada la nube, el arco iris] 90
LXIII   [Y era el demonio de mi sueño, el ángel] 91
LXIV   [Desde el umbral de un sueño me llamaron...] 91
LXVIII   [Llamó a mi corazón, un claro día,] 92
LXIX   [Hoy buscarás en vano] 92
LXXI   [¡Tocados de otros días,] 92
LXXIV   [Tarde tranquila, casi] 93
LXXVI   [¡Oh, tarde luminosa!] 93
LXXVII   [Es una tarde cenicienta y mustia,] 94
LXXVIII [¿Y ha de morir contigo el mundo mago] . 95
LXXIX   [Desnuda está la tierra,] 95
LXXX   Campo 96
LXXXIV   [El rojo sol de un sueño en Oriente asoma] 96
LXXXV   [La primavera besaba] 96
LXXXVI   [Eran ayer mis dolores] 97
LXXXVII Renacimiento 98
LXXXVIII [Tal vez la mano, en sueños,] 99
LXXXIX   [Y podrás conocerte recordando] 99
XCI   [Húmedo está, bajo el laurel, el banco] . 99

VARIA

XCII   [Pegasos, lindos pegasos,] 101
XCIV   [En medio de la plaza y sobre tosca piedra,] 101
XCV   Coplas mundanas 102
XCVI   Sol de invierno 103

CAMPOS DE CASTILLA (1907-1917)

XCVII   Retrato 105
XCVIII   A orillas del Duero 107

Págs.

XCIX	Por tierras de España	109
C	El hospicio	110
CI	El Dios ibero	111
CII	Orillas del Duero	113
CIII	Las encinas	115
CIV	[¿Eres tú, Guadarrama, viejo amigo]	118
CVI	Un loco	119
CVII	Fantasía iconográfica	120
CVIII	Un criminal	121
CIX	Amanecer de Otoño	122
CXII	Pascua de resurrección	123
CXIII	Campos de Soria	124
CXIV	La tierra de Alvargonzález	129
CXV	A un olmo seco	153
CXVI	Recuerdos	154
CXVIII	Caminos	156
CXIX	[Señor, ya me arrancaste lo que yo más quería.]	157
CXX	[Dice la esperanza: un día]	157
CXXI	[Allá, en las tierras altas,]	157
CXXII	[Soñé que tú me llevabas]	158
CXXIII	[Una noche de verano]	158
CXXIV	[Al borrarse la nieve, se alejaron]	159
CXXV	[En estos campos de la tierra mía,]	160
CXXVI	A José María Palacio	161
CXXVII	Otro viaje	162
CXXVIII	Poema de un día	164
CXXIX	Noviembre 1913	170
CXXX	La saeta	171
CXXXI	Del pasado efímero	172
CXXXII	Los olivos	173
CXXXIII	Llanto de las virtudes y coplas por la muerte de Don Guido	176
CXXXV	El mañana efímero	178

Págs.

CXXXVI	Proverbios y cantares	180
CXXXVII	Parábolas	186

ELOGIOS

CXXXIX	A Don Francisco Giner de los Ríos	191
CXLIII	Desde mi rincón	192
CXLIV	Una España joven	196
CXLV	España, en paz	197
CXLVIII	A la muerte de Rubén Darío	199
CL	Mis poetas	199
CLI	A Don Miguel de Unamuno	200
CLII	A Juan Ramón Jiménez	201

NUEVAS CANCIONES (1917-1930)

CLIV	Apuntes	203
CLV	Hacia tierra baja	204
CLVI	Galerías	205
CLVII	La luna, la sombra y el bufón	206
CLVIII	Canciones de tierras altas	207
CLIX	Canciones	210
CLX	Canciones del Alto Duero	212
CLXI	Proverbios y cantares	214
CLXII	Parergon	219
CLXIV	Glosando a Ronsard y otras rimas	221
CLXV	Sonetos	228

CANCIONERO APÓCRIFO

CLXXIII	Canciones a Guiomar	231

Págs.

CLXXIV   Otras canciones a Guiomar 234
CLXXVI   Otro clima 236

POESÍAS DE LA GUERRA (1936-1939)

             El crimen fue en Granada 239
CCXXXIV   La primavera 241
CCXXXVII La muerte del niño herido 241
CCXXXIX   Canción 242
             Recordando a Guiomar 243

ÚLTIMOS TÍTULOS PUBLICADOS

247 A. GÓMEZ GIL
Nanas para dormirlos... y despertarlos

248 L. ALAS, «CLARÍN»
La Regenta

249 F. NIETZSCHE
Sobre la utilidad y los perjuicios de la historia para la vida

250 A. SCHOPENHAUER
El arte de insultar

251 F. NIETZSCHE
La genealogía de la moral

252 J. C. GONZÁLEZ GARCÍA
Diccionario de filosofía

253 S. LINCE
13 poetas testimoniales

254 A. GÓMEZ GIL
Los sonetos de Shakespeare

255 B. PÉREZ GALDÓS
Trece cuentos

256 L. PIRANDELLO
Seis personajes en busca de autor

257 VARIOS AUTORES
Cuentos policíacos

258 Edición de PEDRO PROVENCIO
Antología de la poesía erótica

259 Edición de BERNHARD
Y ANTONIO RUIZ
Antología de la poesía norteamericana

260 B. PÉREZ GALDÓS
Marianela

261 B. PÉREZ GALDÓS
Trafalgar

262 N. GÓGOL
Almas muertas

264 J. LEZAMA LIMA
Paradiso

265 W. FAULKNER
Los invictos

266 R. ALBERTI
Con la luz primera

267 C. J. CELA
La colmena

268 F. NIETZSCHE
El crepúsculo de los ídolos

270 W. SHAKESPEARE
La fierecilla domada. La comedia de las equivocaciones

271 J. CONRAD
Lord Jim

272 F. GARCÍA LORCA
Yerma. Doña Rosita la soltera

273 F. NIETZSCHE
La gaya ciencia

274 J. OLMOS
Tierra del corazón